ダーリンの進化論

わが家の仁義ある戦い

高嶋ちさ子著

小学館

目次

第2章 ヴァイオリンの道

第3章

進化する夫

第6章

現在の実家

~高齢の父とダウン症の姉が2人暮らし~

はじめに

そもそも、この反抗期2人の息子抱えて忙しい中、本なんて書く気なんかさらさらなかったのに、このタイトルだけは誰にも譲れない。それにうちのダーリン、進化してるかも、と自分と闘った上で、書くことに決めました。

けどタイトルがいちばん面白いってパターンかもです。

高嶋家には将来絶対にＮＨＫの朝ドラにして欲しいぐらいの、面白くて、泣けて、教育的な題材が詰まってるんです。

けど、致命的に誰も世に名前を残すほどの人間がいないんです。

実に惜しい。

実写版サザエさんっていうのもありますね。

その昔、高嶋家は祖母がいて、父、母、姉、兄と私の６人で構成されてました。

祖母が亡くなり、母が亡くなり、今や4人家族。おばあちゃん子だった兄は、しょっちゅうお墓参りに行ってるし、母っ子だった私は、いまだに何かあると母からの手紙読んでるし、お互い心に穴は空きっぱなしなんだと思います。

けど、その穴を新しく自分で作った家族で埋めていくしかないと思うんです。

じゃあ、姉のみっちゃんと父は？って考えると、すごく寂しいんだろうなって、心が痛くなります。

そう思って近づくと、自分が非常に見当外れなことを考えてたんだと思い知らされるほど、元気な老人と障がい児です。

家族が一日でも長く健康で楽しく生きてくれて、願わくば人様に迷惑をかけないでいてくれたらって思います。

普通なのか普通じゃないのかわからない、高嶋家、そして新しく作った家族のお話をどうぞ!!

第１章

生まれ育った高嶋家

みっちゃんのおかげ

私がこの世に誕生することができたのは、姉・みっちゃんのおかげなのです。

58年前にみっちゃんが生まれた時、母は病院の先生に、

「この子はダウン症です」

「20才まで生きられません。生きた人形と思ってください」

と冷たくきっぱりと言われたそうです。

母はあまりのショックで泣き暮らしていましたが、その後3年間考えて、

「このままではいけない。この子を守ってくれるきょうだいをつくろう」

と思い立ち、兄と私を産む決心をしたそうです。

そんなわけで私たちは母から、

「みっちゃんに感謝しなさい」

と、ことあるごとに言われて育ちました。

「だいたい、あなたたちが生まれてきたのも、お姉ちゃんがダウン症だからよ。親が死んだ後に面倒みる人がいないから産んだの」

とはっきり言うのです。それって障がい児を持つ親が、きょうだいに絶対言ってはいけない言葉のベスト1だそうです。母がそれを知ってか知らずかはわかりませんが、兄も私もそう言われたからって、ひねくれたりするような子どもではありませんでした。

「みっちゃんのできない分まで2人分生きなさい」

という母からの言葉をプレッシャーに感じるどころか、

「私には2人分できる能力があるに違いない」

なんて私は完全に勘違いしていました。

私たちの子ども時代はまだ、ダウン症や障がいを持った人に対する社会の理解が乏しく、みっちゃんと歩いていると、陰口をたたかれたりじろじろ見られたり、何度も悔しい思いをしたものです。そんな時、私は相手が上級生でも男の子でも、

「さっき、何かこそこそ言ってたよね？」

と堂々とけんかを吹っ掛けていきました。

運動会ではいつもビリの姉を見て悔しい思いをしていたので、兄も私も小学校の6年間、リレー選手に選ばれ続けて徒競走でも断トツの1位。男子生徒にみっちゃんのランドセルをどぶ川に捨てられたとわかった時は、相手が年上でも仕返しの殴り込みです。けんかっ早いと言われる私の性格は、そんな経験から来たのかもしれません。

「あなたたちみたいにとんでもない悪ガキのほうが、みっちゃんよりよっぽど始末に負えないわ！」

とも母はよく言っていましたが、自分が母親となった今、確かにそうかも……と思います。

みっちゃんを守るという「使命」を持って生まれ、姉を支えるはずだった私たちですが、家族皆、みっちゃんのおかげで助かっているところも多いのです。

みっちゃんはプライドが高いところもあるのですが自由で、家族みんなに愛されていて、みっちゃんがいるから大人になってからも、兄も含めて家族みんなで「旅行しよう」となったりして、すぐ家族が集合します。一人ひとりが強烈なキャラぞろいの家族ですが、みっちゃんがつなぎ役となって絆がより強くなっているんだと思います。

いきなりタメ口の子

「口答えをする」「言うことを聞かない」「ふざける」……。

男の子2人の子育ては苦労が絶えませんが、3年半前に亡くなった私の母に言わせれば、

「あなたの子にしちゃ上出来よ。あなたはこんなもんじゃなかったわよ」

だそうです。

私は生まれた時から手の掛かる、いわゆる癇の強い子だったらしく、出産直後から、

「高嶋さん、ベビーちゃんが泣いてます」

と病院内のアナウンスでしょっちゅう呼び出され、アナウンスとともに「ギャー！」という大声が響いたらしいです。

退院後も常に大声で泣き、仕事を終えた父が駅から帰ってくると、家に着く前から、私の泣き叫ぶ声が聞こえていたそうです。

少し大きくなると、その場でいちばんやってはいけないことをやるようになったらしく、レストランに連れて行けば、堺正章さんばりにテーブルクロスを引っ張り、テーブルの上の物を全部ぐちゃぐちゃにする。ご飯を食べれば全部口に入れ、みんなから「いい子ね」と褒められた瞬間、全部吐き出す……。

「この子は私を苦しめるために生まれてきたんだわ！」

なんて、母はよくこぼしていました。大人になってそんなこと言われても、私の記憶にはないので、謝りようもなかったですが。きっとその頃ですね、母が私を「悪魔の申し子」なんじゃないかと思ったのは……。

私が1〜2才の頃、父が半年ほど仕事でアメリカへ行くことになり、両親は私だけを祖母に預けて日本に残し、姉と兄を連れて渡米したそうです。そこだけ聞くと、小さな子を置いて行くひどい親だって思いますよね？　でも、母いわく、冗談でも連れて行くとは言えなかったと。確かに、そんな「悪魔の申し子」みたいな子を飛行機に乗せると考えただけで、私でも目まいがしてきます。なので、そこは許すとします。けど、高嶋家がひどいのはそこからなんです！

帰国後、アメリカでの楽しそうな生活を撮った8ミリビデオを、家族で見る会がリビングで定期的に開かれました。私だけ仲間はずれにされて、ソファの後ろに立って泣いてたんですよ。みんながキャッキャキャッとはしゃいでいるのに、それを恨めしそうに見ている私。今思えば怖い図ですよね。私の記憶にあるぐらいだから、その上映会は長く続いていたと思われます。「ごめんね、知佐子」とかそう言うの一切なし。

こんな感じが当たり前の環境で育ってきたので、人間強くなりますよ！　家で厳しく育てると、外で人の優しさに気づきやすい。これ、母の言い分。

私は3才ぐらいまで言葉をひと言も発することがなく、さすがの母も「病院に連れて行ったほうがいいだろうか」と不安がよぎったそうです。そして急にしゃべり始めた時には、いきなりタメ口で、赤ちゃん言葉が一度もなかったとか。大人に対抗できるまで、力を温存してたんだと思います。

「デビル」なのは母譲り

私の戦闘的なところは、年子の兄がいるせいもありますが、完全に母の血ですね。子どもの頃の私のあだ名は「悪魔」。大学卒業後に留学したアメリカでも、ニックネームはやはり「デビル」だったし。

よく母が言っていたのが、

「最近は、個性をつぶさない子育てをしなさいっていうけど、本当の個性はつぶそうたってつぶれない。私がどれだけあなたをつぶそうと思ったか。つぶれるようなのは個性と言わないの」

母はほんとうに口が悪く、「あなたみたいなのは悪性よ」「劣性よ」など、いろんな暴言を浴びせられてきました。いつもそんな口撃をされていたので、傷つく、という感じもなかったです。兄に「『れっせい』ってなに?」って聞くと、兄は兄で「パンダの種類じゃね?」なんて言ってました。そりゃ、レッサーパンダだよ。

ほかにもよく言われたのは、「ごくつぶし」「盗人に追い銭」とか。子どもに向かって言う言葉じゃないですよね。毒舌と言われる私だって、自分の子にそんなこと言いません!

そういえば父も、母方の祖母に「ごくつぶし」ってよく言われて「この性悪女」って返していました。そういうやりとりを、言葉遊びととらえるような家族だったんでしょう。良くも悪くも、常に暴言が飛び交っていた家でした。

「あなたは多摩川の橋の下で生まれたのよ」

とも、物心ついたころから言われていました。傷つくどころか妙に納得ですよ。

「やっぱり、そうだと思った！」

って。

「私のほんとうのお父さんとお母さんはめっちゃ金持ちなんだから、お預かりしてる間はちゃんと育ててよ」

って返してました。

大人になって、ゴルフの打ちっぱなしで多摩川河川敷の練習場に行った時、

「ああ、私が捨てられてたのはここか〜」

とか思いながら橋に向かって打ち込みましたね。

母は以前よく、

「みっちゃんが生まれた時に1日で頭が白髪になった。それくらいショックだったのよ」

っていう話をしていました。ああそうなんだ、さすがの母も大変だったんだな、とずっと思っていました。最初に生まれた子が、病院の先生に「20才まで生きられません」って言われたらと想像すると、母もつらかったんだろうなと。

でも大きくなってから、改めてその話をしてみたら、

「1日で白髪になんかなるわけないでしょ。マリー・アントワネットだって、1日じゃないと思うわよ」

と。そこに父まで応戦して、

「急に白髪の人が家にいたら、誰かお客様が来ているのかと思うだろ」

って。本当にふざけた家族です。

家族旅行で〝競争〟

うちの母は〝競争〟が大好きでした。結婚後、兄も一緒に家族旅行に行くとホテルの

プールで、

「みんなで競争しなさい！」

と母がけしかけるのです。

「クロールで競争よ！」

と言われた時、うちの夫は、

「えー、あんまり最近泳いでないからな」

とか言いつつ、いざ「よーい、どん！」と始まると本気を出してきて、勝ってしまいました。すると母は負けた兄に、

「あなた、なんでボンボンに負けてんのよ！　下々の者が勝てるの、ここだけでしょ！」

とすごいけんまくで怒るのです。夫はすごく冷静に、

「お兄さんのフォームには無駄が多いから」

なんて余裕の態度。それを聞いた母はよけい頭にきちゃってカッカしてました。

しかも見ているだけじゃなくて、母も一緒に徒競走とかしたがるんですよ。70代後半

になっても。「危ないからやめなよ」と言っても、本人はやる気満々で、ほんとうに負けず嫌いでした。

そんな母の口癖は、

「時は金なり」「稼ぐに追いつく貧乏なし」「盗人に追い銭」「孝行したい時に親はなし」

うちの祖母もよく使っていた言葉で、高嶋家で代々受け継がれてます。

あと祖母に教えてもらってよく覚えている言葉の1つが、

「世の中には出る出ると言われても、出ないものが2つある。1つはおばけ。もう1つは気の弱い女」

結局、女はみんな強いってことですね。

母、直筆の金言

イタズラ好きな一家

兄の部屋は2階の廊下をはさんで反対側でした。親が留守の時、受験前の兄は勉強をし、私はヴァイオリンの練習。私は兄が勉強せずに居眠りしていると気配でわかるのです。そっと近づいてバッとドアを開け、兄が寝ていたら、「寝てたな。ママに言いつけてやる！」と勝ち誇って叫びます。

私のほうも気を抜けません。練習に飽きて漫画をペラペラ足でめくりながら弾いていたりすると、どこかでカシャッという音が。パッと顔をあげると、兄が窓の外にへばりついてポラロイドカメラで私がサボっている証拠写真をとっているのです。相手も決死の覚悟。「どうする？　丸くおさめないか」と兄が持ちかけて私もしぶしぶ手打ちをする、といった具合でした。

兄とケンカをすると、私は兄と顔を合わせないように、庭から木をよじ登ってベランダに上がり窓から自分の部屋に侵入。まるで忍者屋敷です。

　大学生になると、兄と共用で家の車を使っていたのですが、いつもどちらが乗っていくかでもめていました。出かけようと玄関の外に出た途端、2階から兄がコップの水をバシャッとかけてくる、なんてこともされたものです。

　兄だけでなく高嶋家は皆でイタズラを仕掛けてくるので負けていられません。父がゴリラのかぶりものをかぶって「ただいま」と家に帰ってきたり、私たちが学校から帰る頃を見計らって母が玄関に「引っ越しました」の貼り紙を貼っておく、なんてこともありました。いい大人があの手この手でイタズラを考えている、そんな環境でした。

直伝「日本つくり話」

　母の実母である私の祖母は、私から見ても強烈な女性でした。朝4時に起きて墨をすって半紙を広げ書をたしむのが習慣。夜はドストエフスキーを読む、なんてかなりのインテリだったと思います。

私がボーイフレンドを家に連れてくると、祖母は、

「あなた、どちらの大学出ているの？」なんて質問して、

「○○大学です」と答えると、兄に、

「偏差値表持ってらっしゃい」と言うので困りました。

自分が病院に行った時も、

「先生はどちらの医大を出てらっしゃるんですか？」

とたずねます。さすがに、

「ほんとうに失礼だからやめて」と注意しても、

「だって自分の体預けるんだから、それぐらい知っておかなくちゃ」

と言い張っていました。

高嶋家では祖母も母も言いたいことは主張するし、物事の白黒をはっきりつけるので、グレーゾーンがありません。

7才の頃、一家で多摩動物公園へ。祖母と母の迫力にはまだまだ及ばない。撮影は父・弘之。

「嘘をついてはいけない」

「人にこびてはいけない」

誰もが当然そういう価値観だと思っていたら、そうでもないんですね。だから私は社会に出てから、女性同士のつきあいで苦労することが多いのです。


祖母はとても厳しい人でした。私が容姿を褒められて喜んでいると、

「中身に魅力がないから容姿を褒められただけでしょ。見た目なんていうものは一瞬で老いたりして信用できるものじゃないから。だけど教養や人間の中身は一度身につけたら一生ものよ」

と言われ、さて困ったな、だからってこの勉強嫌いの私が教養を身につけられるわけもなく。なので、見た目より中身で勝負する「技」として、教養ではなく、オチのない話をしないようにするなど、「話術」を磨いたのかもしれません。

祖母にはいろんなことを教えてもらいました。大きな鏡のある玄関で、祖母はこう

言ったものです。

「男の人と出かける時、女はまったくすきがない状態で出て行かなければいけない。出て行った時とまったく変わらない状態で帰ってこなければならない」

「やってはいけないことは、男にこびること。だからおごってもらうのはありえません。あなたは男におごってもらうほど落ちぶれているの？」

こうした教えが、功を奏したかどうかはわかりませんが、私の生き方に影響していることは確かです。


自分自身が子どもの寝かしつけの時に話していた「日本つくり話」も、始めたのは祖母です。母は寝かしつけなんてしてくれなかったので、祖母が私たちきょうだい3人を横に並べて寝かせ、つくり話を聞かせてくれました。

私が母親になってからは子どもたちの好きなシャチを登場させたりして、「きょうだい仲よく」とか「ママの言うことはきちんときこう」といった教訓を交えた冒険ストーリーを創作しましたが、祖母のつくり話はかなりシュールでした。

たとえば家の近くで火事が起こる話です。「むかし、むかし」ではなく、「ウー!! ウー!!」のサイレン音みたいな大声で突然始まります。火事になって近所の人に助けられる話とか、人さらいに連れていかれる話とか、世の中のリアルさや怖さを孫に伝えようとしたのでしょうか。ファンタジーの要素は一切なく夢もなく超現実的。でも私たち、祖母のそんなつくり話が大好きでした。

祖母の家出パターン

祖母は娘である私の母を、

「医者か弁護士と結婚させたかったのに」

とよく文句を言っていました。

「なんだかわからない横文字の会社で芸能界に片足を突っ込んでいるような男」

と結婚したのがとにかく腹立たしかったそうです。

父は音楽関係の会社に勤めていたのでテレビを見るのも仕事です。家のリビングで見ているると祖母が、

「いいわね、こういう音楽番組って言うのかしら、そういうのを見るのが仕事なんでしょ、弘之さんは」

と小ばかにしたように言っていたものです。

高嶋家の居並ぶ強烈な歴代女性に比べると、私なんてまだぺーぺーです。母と祖母のケンカもすさまじかったです。大人でも子どもの前でこんなにケンカするかっていうぐらい激しく、そこに婿である私の父が入るとさらにヒートアップ。祖母が、

「このごくつぶし！」

「この家はほんとうは私のものだ！　電話で高嶋と名乗るな！」

なんて近所にも聞こえるぐらいの大声で父とののしり合うのです。

最後はもうどっちもどっちでお互い譲りません。父が、

「この性悪女！」

と祖母に投げつけたので、

「『しょうわるおんな』ってどういう意味？」

と小学生の兄と一緒に隣の部屋でこっそり辞書をひいて調べたりしていました。

それ以降、ケンカになると結構頻繁に「性悪女」のフレーズが登場してきたので、その度に兄と「出た！　性悪女！」と手をたたいておもしろがっていました。

大人たちのケンカが始まりそうになると、私と兄は2階へ避難。そろそろ落ち着いたかなという頃にそーっと階下へ降りていきました。

ケンカが悪化すると、祖母が家を出ていっちゃいます。私が部屋でヴァイオリンの練習をしていると、「トントン」というノックの後、祖母がそろりと入ってくるのです。

「何？」

と聞くと、

「もともとこの家は、私の家なのよ」

と祖母は始めます。

「知ってるけど」

「でもね、いつのまにか乗っ取られたの」

オイオイ泣き始めますが、私は心の中で「また、嘘泣きでしょ」。祖母は、

「私は出ていきます。もうあなたに会えないと思うけど、これを私の形見だと思ってとっておいて」

と毎回、クロスのボールペンを私に渡すのです。そんなに高価な物でもないと思いますが、なぜか必ずそれを置いていきます。

「あっ、じゃあそこに置いておいて」

と適当にあしらうと、

「あの人はあなたにとっては母親かもしれないけれど、私にとってはもう私の娘ではないの」

とグダグダ続くので、

「あっ、そうですか。早く練習させてもらえますか」

みたいな雰囲気をかもし出して、ようやく部屋を出ていってもらいます。

その一幕劇があってから祖母は数時間ぐらい家を空けると、夜12時頃こっそり帰ってきます。そして私の部屋に黙って入ってきて、ボールペンを取り返していくのです。

家を出て行った祖母はいつも友達の家でマージャンをしていました。ちなみに高嶋家の女性は伝統的にマージャン好きのようです。私はしませんが、母は「料理教室に通っている」と30年間も父をだまして毎週マージャンに行っていました。

そんな強烈な女系の家族とさんざんやりあってきた父ですが、さんざん介護をしたおかげか、亡くなった祖母も母も最期には「ありがとうね」と心から父に感謝していました。それが父の救いだそうです。

父は「おばあちゃんはオレに感謝してた」と、よいことしか記憶してないようです。なんてお人よし……。

祖母は20数年前に亡くなりました。

私はその年の5月からアメリカに留学中でした。祖母の具合が悪いのは知っていたので9月ぐらいに、

「おばあちゃま、大丈夫?」

と国際電話をかけると、父が、

「それが死んじゃったんだよ」

すると後ろから、

「嘘つかないでよ!　死んでないわよ!」

と祖母の声が飛んできました。ほんとうに悪い冗談です。

12月になってまた、

「おばあちゃま、元気?」

と電話したところ、父が、

「それが死んじゃった」

と。私が、

「またそんなこと言って～」

と返すと、

「今回はホント」

と父。祖母が亡くなったのは12月14日でした。赤穂浪士の討ち入りの日が命日というのがまた何ともいえません。すぐに日本に帰れない私に気を遣って両親もすぐには知らせなかったのですが、クリスマス休暇に帰国したら、お葬式も終わった後でした。

牧師さんが飛んで来た

姉・みっちゃんは教会に通ってコーラスに参加していたのですが、どうしても歌の音程が外れてしまうから「ちょっとコーラスから外れていてください」って指揮者の先生から言われたらしいのです。

みっちゃんは家に帰ってくるなり母に、

「歌が下手だからコーラスに入るなって教会で言われたの」

と涙ながらに訴えました。すると母も、

「教会ともあろうところがなんてこと！　牧師を呼んでこい！」

みたいに怒り出すわけです。実際はもっと乱暴な言葉を使っていましたが、とても書けません。そもそも母は、田園調布雙葉学園というカトリックの学校に通っていたのですが、十字を指で切りながら「デコベソパイパイ」ってふざけて言うような人なんです。

その時は牧師さんが慌てて家まで飛んで来たので、もうこれは絶対におもしろいことが始まるに決まってると、私はドアに耳を当てて盗み聞きです。

「未知子さんが教会に帰ってくるのをみんな待っていますよ」

と牧師さんがとりなそうとすると、みっちゃんは、

「具体的にどなたですか?」

なんてしれっと聞くんです。牧師さんも、うーっと詰まってしまいましたが、

「でも未知子さんがね、指揮者の先生に『先生はどちらの音大ご出身ですか？　うちの妹は桐朋ですけど』って言われたから、先生もちょっと気を悪くされているんです」

と、静かに反撃するわけです。みっちゃんは祖母に似て口達者なところがあるので、立場が悪くなりそうなことは母にだまっているんです。牧師さんから突っ込まれて、母は、

「あら……？」

なんてごまかしていましたが、形勢が不利になってしまい、牧師さんが帰った後、みっちゃんに、

「なんてこと言うの！」

って怒ってました。

「マネージャーさんを通して」

祖母も母もどんな相手でも言い負かしてしまう天才でした。

たとえば、昔はよく宗教の勧誘の人が家に訪ねて来ました。子どもを連れて「近くに住んでいる鈴木です」とか言って。母はそういうのにも食いついちゃうんです。「近くって何丁目？　うちはここにずーっと住んでいるから、近くの人はみーんな知ってるの。あなたね、子どもを連れて嘘はよくないわよ。宗教やってるんなら、嘘はやめなさい」

なんて説教を始めるのです。そういうのをこっそり聞いていると、私は「ほんとにやめて」と思いながらも「何か起こるな」とちょっとワクワクしてきます。

母の頭の回転はおそろしく速くて、何かの勧誘の電話がかかってきて「あの、お近くに……」って相手が言った瞬間、「ああ、うちはマンションはいりません」って先回りしてしまうのです。

「いや、僕何も言ってませんが……」

と相手がひるんだところに、

「あなた、『近くに八百屋ができた』って電話してくると思ってるの？」

とたたみかけるのでかないません。

気性が激しい母は私に対しても何か気に障ったことがあると、

「これからはマネージャーさんを通して連絡しますから」

なんてわざわざ私のマネージャーさんに電話をしてくるのです。ケンカの原因はいつもそこまで大騒ぎするようなことでもなかったりするので、マネージャーさんも「ああまたか」って慣れたものです。夫にも電話してきて、

「娘とはもう二度と旅行に行きませんから」

と報告してきます。夫も慣れたもので、「あ、わかりました」なんて流していますが、
結局、次の月には忘れたように母と私は一緒に旅行していました。

オチのない話は猛攻撃

高嶋家ではちょっとでもつまらないことを言うと猛攻撃にあいます。みっちゃんに

だって容赦ありません。

「今の何？　そのオチのない話、どういうこと？」

って徹底的にダメ出しされます。

みっちゃんは昔、10年間くらい障がい者の学校で暮らしていて生活する上で必要なことなどいろいろ教えてもらっていたので、みっちゃんがここまで成長したのはその学校のおかげ、と父はとても感謝していました。

でも祖母は毎週末みっちゃんが家に帰ってくるたびに泣くのです。するとそれを家族みんなでマネして笑うのです。しんみりするはずの場面でも笑いに持っていってしまうので、高嶋家ではタブーなし。まさに弱肉強食の世界で、皆がド直球でぶつかり合う家族でした。

私は新婚時代、夫との生活があまりに穏やかで静かすぎて、なんだか精神不安定になってしまったことがありました。今考えると、ケンカやいたずらが日常にある高嶋家で育ってきたせいだったのかもしれません。

第２章

ヴァイオリンの道

お受験で迷子

ヴァイオリニストとして活動して25年以上がたちますが、音楽の道をどう進んできたのか、ここで少し振り返ってみたいと思います。

「アーティストだから」という言葉では片づけられないほど、私は勉強が苦手な子でした。かろうじて私立の小学校に入学できたのですが、小学校入試の日の記憶をたどってみても、よく入れたなって思います。

たとえば、受験科目の1つに、開いた段ボールが会場に置いてあって「これでいすを作りなさい」というのがありました。今考えれば、ただ箱を組み立てて座ればよかったのですが、その時私は、

「これ、スピード関係ありますか？　早いほうがいいんですか？」

なんて質問を先生にしたのです。先生がストップウォッチを持っているのが目に入ったので気になってしまって。

「そういうことは気にしなくていいです」

って先生に言われたのを覚えています。素直じゃない子だと思われたでしょうね。

運動の試験の時も、緊張のあまり泣いてしまって動けない子がいたので、

「この子の分もやっていい？」

と代わりにやってあげたり。受験の最中なのに、次のグループの最前列の子とおしゃべりしていたら迷子になっちゃって校内放送で呼び出される、なんてことにもなっていたり。

呼び出し放送を聞いた母は、

「ああ、落ちた」

とあきらめたそうです。私でもそう思います。それなのに父はその後の面談で、

「うちの娘を落とすような学校には入れたくありません。入れてくれるなら喜んで通わ

せます」

なんて平然と言ってのけたそうです。よくそんな強気に出られるものだと思いますが、そのおかげで合格できたのかもしれません。


せっかく入学できても授業についていくのはやっとで、割り算の「5÷2」からしてもうわかりません。

文章題で「兄と妹で5個のお菓子をわけます」みたいなのが出てくると、「お兄ちゃんが2個で妹が3個でいいじゃない」となってしまうのです。時速の計算も「A地点からバイクが来て、B地点から徒歩で向かっています」なんて問題があると、「ずっと同じ時速で走れるわけないじゃない」とそこで思考が止まってしまいます。

「これは何とかしなければ。優秀な家庭教師の先生に教えてもらえばいいかも」と母は考え、東大生の家庭教師に来てもらうことになりました。でもその先生のほうが私の頭の中を理解できず、「わからないことがわからない!」って混乱をきたしてやめてしまったのです。気の毒なことをしてしまいました。

こんな状態でしたから、兄からは、

「おまえが行ける大学は世の中にない」

って言われ続けてきたのです。兄に言われるのはものすごく悔しいけど、確かに当たってるかも……という気持ちもありました。

『巨人の星』ばりのスパルタ

母はずっとピアノを習っていました。本当は芸大で音楽を学びたかったのに、絶対音感がなくてあきらめたそうです。

私には絶対音感があったので、音楽家になる夢を娘に託そうとしたらしく、私が4才の時に母のすすめでピアノを習い始めました。でもまったくピアノは上手くならず「あなたには才能がない」と母に見限られて2か月でやめさせられてしまいます。

しばらくたって幼稚園でヴァイオリンを弾いている子をたまたま見かけたら、とってもかっこよかったのです。それがヴァイオリンとの出会いでした。

「私もやりたい！」

と母に頼んでみましたが「ピアノもできない子に無理」と聞き入れてもらえませんでした。それでもねばって「習いたい」と1年間説得し続け、小学生になった頃にようやくヴァイオリンのお稽古を始めることができたのです。念願のヴァイオリン、最初は楽しくお稽古していました。でも、母の監督で、『巨人の星』ばりのスパルタ教育になっていったのです。

レッスンには全て母が立ち会い、先生に注意されたことをこまごまとメモ。帰り道では、

「なんであそこ弾けなかったの！」

と怒られます。

小学5年生の時には、母は自分のへそくりで180万円のヴァイオリンを買ってくれました。そこからさらに、厳しさはエスカレート。

中学で進路を決める時、音楽の名門といわれる桐朋女子高等学校音楽科を志望することにしたので、その受験前は特に凄まじかったものです。

土日は自宅練習8時間をつきっきりで指導。母はアイロンなど自分の家事に必要な物を私の部屋に全部持ち込んだ上で、「○」と「×」の札を手元に置いて準備します。私が弾き始めて気に入らないと母は速攻「×」を上げ、その札が上がったら最初から弾き直さなければなりません。10回続けて「○」が上がり完璧にならないと次に進めないのです。9回目にしくじっても、また1から弾き直し。延々とそれが続きます。音《ね》を上げたりしていられません。

友達は映画を観たりデートをしたり青春を満喫しているのに、

「なんで私だけこんな毎日なの!」

とうらめしかったです。遊びに行く時間も全くなく、ヴァイオリンの練習だけ。母にも先生にも怒られながら弾き続けて、この先いったい何があるっていうの……?

やめたいと思ったことは何度もありましたが、ちょっと間違っただけでも母に激怒されるのですから、「ヴァイオリンをやめる」なんて言ったら殺されるかも、というくらいの気迫です。とても言い出せませんでした。これって〝音楽家あるある〟だそうです。

大人になってから音楽家仲間と子ども時代の話をすると、やはり似た状況で「親が怖くてやめられなかった」と言う人がけっこういました。もしやめてしまったら、それまでの親の苦労が水の泡。一生負け犬呼ばわりされるのが目に見えているから、やめるなんて選択はできなかった、と。

もちろん、スパルタでやってる中でほんとうに好きになっていく人もたくさんいます。親からスパルタ教育を受けてきたか、あるいは自分自身が心底音楽が好きで続けてきたか、音楽の道へ進んだのはどちらかのケースに分かれることが多いようです。

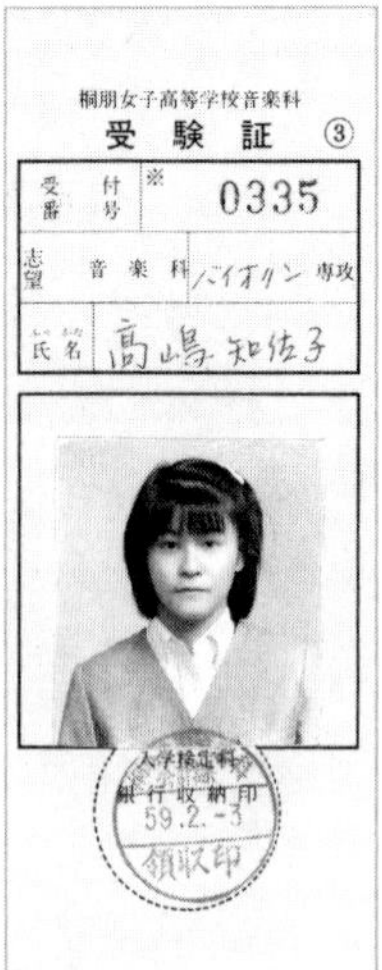

初公開、高校の受験証。
人生最大の暗黒期。

劣等感から留学へ

母のスパルタ指導の下、試練の日々を乗り越えた私は、なんとか桐朋に合格することができました。

でも入学したものの、すぐに劣等感に陥ってしまいます。

桐朋の学生はみな演奏家としても優秀すぎて、私なんて全然お話になりません。ヴァイオリンを始めた年齢も桐朋を受験しようと決めた年齢も遅かった私は、何もかもが出遅れていました。ヴァイオリンの先生には、

「小指の先がちょっとひっかかって受かったんだね」

なんて言われたものです。

桐朋の高校から桐朋学園大学音楽学部へと進学しましたが、常にコンプレックスを抱えていて、

「こんなにレベルの高い学校に入らなければ、私ものびのびできたのに」

なんて学校のせいにしたことさえありました。

私が大学3、4年生の時はバブルがはじける直前で、就職活動も売り手市場の世の中。それなのに、音大生は優秀であっても卒業後に音楽家としての仕事に就ける人は、ほとんどいないのです。

「じゃあ、優秀じゃない私はどうしたらいいんだろう」

と将来についてかなり思い悩みました。中学時代の友達は次々と一流企業に就職が決まり始めていた中、格好つけたくて、

「私、留学するから」

と思わず言ってしまったのです。母に、

「大学卒業したら留学するから」

と宣言すると、

「あなたがそんなに勉強好きだとは知らなかった。でもお金は1円も出さないわよ」

と経済面では突き放されてしまいましたが、もう引っ込みがつきません。奨学金を受けられそうな大学を片っ端から探して、選んだのがイェール大学の大学院でした。

アメリカにはジュリアード音楽院、カーティス音楽院、インディアナ大学などトップレベルの音楽大学があって、桐朋学園と同様、世界中から優秀な学生が集まってきます。でも私としては、もう下から見上げる人生は十分。できれば中間、もしくは中の上ぐらいのポジションで、みんなと対等な立場で音楽に向き合いたかったのです。

イェールは演奏家として極めるというよりは、音楽が大好きで演奏を続けてきたけれど、音楽史や音楽理論も学びたいという学生が多く、のびのびした校風でした。それがイェールを選んだ大きな理由の一つでした。

いざ大学院生活を始めると、桐朋学園のすごさはアメリカでより一層実感しました。「桐朋出身」と言うと、みんな「えっ!」と一瞬ひいて「すごいのねー」という眼差しになります。海外では小澤征爾氏や東京クヮルテットなど世界的に著名な音楽家の出身校としても知られているので、「桐朋から来た学生」と見られるのは最初ちょっとプレッ

シャーでした。「じゃあ、弾いてみて」と言われると、

「いや、桐朋でも下のほうなんだってば〜」

なんてつい言い訳してしまうこともありました。

でもアメリカでは演奏の上手い下手だけで判断されるのではなく、気持ちさえあれば受け入れてもらえるので、みんな積極的でした。日本では演奏が上手な人しか前に出られないような雰囲気がありましたが、そうじゃなくてもいいんだ、ということもわかってきました。

日本人における英語と一緒ですね。「英語ができないから話さない」じゃなくて、「うまく話せなくても話してみる」という積極性。そんな学生たちと一緒にいると、私も躊躇なくいろんなことに参加しやすくなり、少しずつ劣等感もなくなっていきました。

絶対音感でトクしたこと

英語も入学当初はほとんど話せませんでしたが、音楽史以外のテストは全部一発でクリアでした。

そこは桐朋出身なので、英語がわからなくても、楽譜を見ただけで何を求められているかはわかったのです。それに、海外の音楽家で絶対音感を持っている人は少なくて、絶対音感がある私にはちょっと有利でした。そのおかげで免除になったテストもあって助かりました。

絶対音感があると、たとえば「ド」も「レ」も目で見えるのと同じぐらい鮮明に聴こえてきます。そのためポップス系やロック系を演奏するには、絶対音感があるとかえって邪魔になってしまうこともあります。「みんなで一音上げて演奏しましょう」と言われても、どうしても「ド」は「ド」なので切り替えが難しいのです。その点、絶対音感がない、いわゆる「相対音感」の人たちは、素直に切り替えられます。

桐朋では絶対音感がない人はまずいなかったのです。でも、世界中から集まった音楽家たちといろんな国で演奏していると、海外の音楽家には絶対音感を持っている人はほとんどいないことに気がつきました。絶対音感に対する信仰があるのは、日本とフランスくらいかもしれません。

私の場合、絶対音感は生まれつきありましたが、それでもカラオケは下手です。絶対音感がいま役に立つのは、家電の調子が悪くなって発信音の音程が下がってくると、

「あっ、そろそろやばいな」

と気づけることくらいでしょうか。

マイアミから世界ツアー

アメリカにはさまざまな奨学金制度があって、夏休みには奨学金をもらえる音楽祭が

各地で催されます。

オーディションに合格すると、夏の間1～2か月ほど無料レッスンを受けられて、最終日にはコンサートを開いて地元の方々に聴いていただくのです。私も積極的にオーディションを受け、毎夏、2か所ぐらいの音楽祭に参加していました。

卒業も近くなってきたある日、ルームメイトに、

「大学院を3年で終えたら日本に帰るつもり」

と話していたら、

「私はニューヨークへオーディションを受けに行く」

と言います。

「じゃあニューヨークまで送っていくよ」

と言うと、

「せっかくなら一緒に受けてみない？」

と誘われ、何のオーディションかもよくわかっていないまま受けたところ、彼女は落

ちて私が合格してしまいました。

それからよく調べてみると、リゾート地、マイアミにあるオーケストラでした。

「これは楽しそう。絶対に行く！」

そこは20代の音楽家が集まる『ニュー・ワールド・シンフォニー』というオーケストラでした。オーディションに合格すると1週間単位でお給料が出て、住む場所を提供してもらえてレッスンも受けられ演奏会にも出演できるという、アカデミーっぽいセミプロのオーケストラです。

私は2年間在籍し、ワールドツアー、南米ツアー、モナコツアー、イスラエルツアーなど、オーケストラの一員としていろいろな国を巡って演奏することができました。このオーケストラでの経験で、日本を俯瞰して見たり、世界史が音楽に与えた影響や音楽家の背景などを身近に考えたりするようになったのです。

イスラエルのホロコースト記念館では、戦車に囲まれた状態でコンサートが開催されました。兵役があるので若者が銃を持ったままコンサートに来ているのです。ユダヤ人だったマーラーやナチスのプロパガンダに利用されたワーグナーの曲を演奏するには、ナチスの歴史は避けて通れない背景がありますが、

「ああ、ここは無関係な場所じゃないんだ」

と歴史の一端に触れた気がしました。

私たち日本人が音楽から受ける印象と、実際に悲劇を経験した国の方々が感じる思いはまた大きく違います。オーケストラ内にもさまざまな国籍の音楽家がいました。争った過去を持つ国同士の出身者でも、分け隔てなく共に演奏していることに感慨もありました。

そのオーケストラでは、クラシックだけでなくジャンルを問わずに演奏します。指揮者がジャズ好きだったのでジャズを演奏する機会も多く、「クラシックがいちばん難しい」というそれまでの思い込みが一瞬で吹き飛ぶくらいのジャズの深さも知りました。それがきっかけで、私もジャズフェスティバルに積極的にチャレンジしましたし、学ぶことがとても多くあったのです。

アイドルデビュー？

『ニュー・ワールド・シンフォニー』でまだ演奏を続けたい気持ちはありましたが、2年在籍した後の1995年、日本に帰国することになりました。

レコード会社に勤務していた父が勝手に私をCDデビューさせる手はずを整えていたからです。それで仕方なく帰ってきたという感じでした。『チョコレート・ファッション』という、アイドルみたいなユニット名。ヴァイオリンの私とチェロの女性のポップスをメインに演奏する2人組で、売り出すというのです。

先日、私のSNSの書き込みに、「『チョコプラ』からのファンです」と書いてあり腹を抱えて笑いましたが、こっちは『チョコファ』と略されてました。

アメリカで別のオーディションを受けようとしていた私は、「なんでこんなことしなくちゃいけないの！」と不満たらたらで父を恨みました。無理矢理レコーディングだけは行いましたが、半年ぐらいほとんど仕事もないまま。すぐ解散してしまいました。

解散後にまたアメリカのオーケストラに1年戻りましたが、やはりヴァイオリンのソロで活動をしていこうと決意。1997年に本格的に日本に拠点を移し、腰を落ち着けました。この時が私の人生のターニングポイントになったのではないでしょうか。

当初は正統派クラシックにこだわっていたので、いきなり仕事のオファーが数多くあるわけでもなく、父が探してきてあれやれこれやと遠隔操作しては、誰かのコンサートで1曲だけ弾かせていただく、といった活動でした。空席だらけの会場で演奏することもあって、これでやっていけるんだろうかと自信がなくなりかけることもありました。

敷居の高すぎないコンサート

クラシック曲のレクチャーをしながらヴァイオリン演奏をする、というセミナーのようなイベントも行うようになりました。いま私が行っている「コンサートで演奏するだけではなく、言葉や見せることでもわかりやすく伝える」という原点は、この時にできたのかもしれません。

『めざましテレビ』（フジテレビ系）のアナウンサー軽部真一さんからインタビューを受けて、意気投合したのもその頃です。

私は海外生活が続いていたのでよく知らなかったのですが、人気アナウンサーの軽部さんは大のクラシック好きでした。他ジャンルの方と組んだら可能性が広がるかも、と共同プロデュースでコンサートを開くようになって、それが現在も継続している『めざクラ』こと『めざましクラシックス』です。

それまでは私のコンサートもヴァイオリンとピアノでクラシックの曲を演奏するという王道のスタイルが中心でしたが、『めざクラ』のおかげでコンサートをプログラムから考える楽しさを知りました。

子どもの頃、私がヴァイオリンの練習をしているとよく、姉のみっちゃんが、

「聖子ちゃん弾いて！」

とリクエストしてきたものです。その時も私はヴァイオリンはクラシック一筋でいきたかったのでポップスを弾くことには抵抗があったけど、みっちゃんは『赤いスイトピー』とかほんとに楽しそうに聴いていました。

そんな思い出や、演奏者も聴いてくれる方も誰もが音楽を自由に楽しんでいたマイアミのオーケストラでの経験を重ね合わせて考えてみました。そしてクラシックを基本にするのはもちろんだけど、違うジャンルの音楽も取り入れて、敷居の高すぎないクラシックコンサートを企画したい、と新たな目標ができたのです。

より多くの方に楽しんでいただきたいという私のコンサートのスタイルが確立したのはこの『めざクラ』での学びが大きかったです。3か月に1度、銀座のホールで行っていた頃からスタートして、おかげさまで『めざクラ』は、全国で年間20回以上開催、通算公演回数360回を超えるまでに成長しました。

「軽部さんには感謝しなさい」と親にはいつも言われてますが、どうも体が言うことをきかず……。

長男と同時に「12人」誕生

日本での活動が8年目に突入した頃、週に1度、大阪で仕事があって、移動時間は次の仕事のアイディアを考えたり執筆の時間にあてていました。

当時は『女子十二楽坊』が流行っていて、『モーニング娘。』のオーディションも注目されていました。『ベルリン・フィル12人のチェリストたち』もヒントになって、クラシック界にも「観ても、聴いても、美しく、楽しい」人材が豊富にいるのではないかとひらめいたのです。

自分のオーケストラを作りたいという夢もずっとあったのですが、大編成のオーケストラを作るのはすぐには難しいかもしれない。それなら、とこれまでの思いを行動に移すことにしました。

それがオーディションで選抜した女性ヴァイオリニストをプロデュースしてコンサー

トを行う企画『12人のヴァイオリニスト』です。オーディションにはヴァイオリニストや音大生から約150人の応募があり、音大を出たばかりの若い音楽家の厳しい状況も改めてわかりました。才能があっても演奏する場や仕事の機会がない演奏家がとても多くてもったいないのです。

オーディションはちょうど長男がお腹の中にいた時で、活動は子育ての時期と並行して始まり、親の教育の大切さも痛感しました。

突然「やめます」と言い出すメンバーがいたり、数々のトラブルもありました。若い女性たちを束ねていくのはほんとうに難しいです。やっぱり「ほめればつけあがり、怒れば泣く」のが基本なので、「泣いたらクビ」と言ってあります。

メンバーと長年いると、いいところも悪いところも見えてきますが、お互い助け合う不思議な関係で結束も半端じゃありません。私も「明日やめてやる」なんて言いながら『12人のヴァイオリニスト』の活動も15年を迎えます。

集中力の続かない子どもでも楽しめるように「みんなが知っている曲」「演奏時間5

分以内の曲」などのしばりも作り、初心者にもわかりやすいMCや一芸披露（!?）など、クラシックへの敷居の高さを払拭できるコンサートをめざしてきました。

特に現メンバーの12人は、コロナ禍ということもあり、「女も捨て」「人間も捨て」「笑いだけを取りに行け」と言ってあるので、皆のやる気は例年以上です。

さらに、コンポーザー・ピアニストの加羽沢《かばさわ》美濃さんと組んだ『CHISA&MINO』のコンサート。かばちゃんとの話を始めたら本が1冊書けると思うくらい笑いのたえない関係です。0才から入場できる『バギーコンサート』、チェロとピアノとのトリオによる『みんなのための音楽室』、『高嶋ちさ子　わがまま音楽会』などのコンサートシリーズも企画し続けています。

2020年は延期や中止になってしまった公演もありますが、全国で多くのお客様が待っていてくださることに心から感謝しています。

30年以上音楽の世界に身を置いてきましたが、上には上がいることを思い知らされる毎日です。自分がアウトロー的なことをやっているという認識もあって、私はクラシック音楽にたずさわっている方々を尊敬しています。

既存のクラシックファンの方は1人も奪わないようにしよう、とそこは守っています。私がやっているのは「新規開拓」。クラシックに興味のなかった人も気軽に足を運べるコンサートを全国各地で行っていくことです。

コンプレックスはなくならないので、偉そうなことを言っているようでも、音楽に関しては謙虚な気持ちで向き合っています。

母に言われたことがありました。

「劣等感があるから、あなたもこのくらいで収まっているのよ」

その通りで、自分はダメだとわかっているほうが仕事に対する感謝の念も出てきます。

これからも、時間とお金を使って演奏を聴いてくださるお客さまに絶対損はさせない、という気持ちで、心から満足していただけるように、もっともっと進化させていきます。

大学4年生の時、恩師の江藤俊哉先生と。

イェール大学音楽学部大学院の修了式で姉と。

第３章

進化する夫

タブーに踏み込む

うちの夫、出会った頃は品のいい猫みたいな感じの人でした。

人が大勢集まるような場所に行くと、隅っこにちょこんと座ってずっと静かに黙っているような感じ。もちろん、私に逆らうこともありませんでした。

それが今では、家事もやり育児もやり、私にも逆らい、時には私を深く傷つけるまでに「進化」しました。

「どういうことなのよ」と聞くと、

「自分が育った環境ではタブーだったことが、高嶋家に接するようになって変わった。タブーに踏み込むと、笑いがとれることがわかり、あえてチャレンジするようになった」

と言うのです。

高嶋家と違って彼はきちんとした家庭で、

「お金の話をしてはいけない」

「人の悪口は言ってはいけない」

「人様に迷惑をかけない」

と言われて育ちました。けれど高嶋家に来たら、面と向かって家族の文句を言ったり堂々とお金の話をしたりしていた。それがすごく楽しそうに見えたらしいのです。そして、私の悪口を言えば、みんなに「受ける」ということに気づいたそうです。

私のSNSが炎上した時とか、最近の夫は慰めてくれるどころか、

「だからいい気になるなと言ったよね」

となんだかうきうきしたような様子さえみせるのです。

いまや借りてきた「猫」じゃなく「虎」。「虎」と言っても穏やかな性格は相変わらずで、結婚して21年、一度も声を荒立てたことはありません。それでも夫いわく、

「以前より生きるのが楽しくなった」

本人も自分の「進化」ぶりに驚いているのではないでしょうか。

デートで〝オヤジ狩り〟

私たちが結婚したのは1999年2月。'97年秋に知り合ったのでスピード婚のほうですね。確かに結婚前から「おかしいな」と思うことは何度もありました。

たとえば、あるデートの日。私の性格としては、デートの前に、

「今度の休みはここに行こう」「何時ごろ電話するね」「何時ごろ迎えに行くね」

というやりとりが希望なんですが、最初からあまり主導権を握っちゃいけないかなと思って、

「朝起きたら電話してね。どこ行くか決めよう」

と、さわやかに言っておきました。

私の「起きたら」って最低でも朝9時です。9時に電話があって「これから迎えに行くよ」と言われても大丈夫なように、私は早起きしてがんがんメイクもして準備万端で

す。だけど、いっこうに電話は鳴りません。

「まあ、休みの日だからね」と思い直して、ヴァイオリンの練習を始めました。「山梨の桃源郷《とうげんきょう》で紅葉を見たいな～」なんて頭の片隅で考えながら。

でも、10時になっても11時になっても電話がなくて、私も「あれっ、約束って今日だよね？」と不安になってきました。当時はまだメールもないし。実家にいたので母からは「すっぽかされたんじゃないの」なんてカチンとすることも言われるし。

その後も待ち続け、結局電話がかかってきたのは午後3時。それも「これから洗車してから行くね～」なんて、のんびりしたことを言うんです。「おいおい、洗車いいから、早く来いよ」と内心イラっとしましたが、そこは抑えて、

「あ～、そうなんだ。でも、私、今日は桃源郷に紅葉狩りに行きたいな」

と投げてみると、返ってきたのが、

「えっ何？　オヤジ狩り？」

なんでデートしようというのに〝オヤジ狩り〟が出てくるんでしょうか。時々、彼は

予想もつかない聞き間違いをするのです。

話は飛びますが、こんなこともありました。

子どもが生まれてから家族で鴨川シーワールドにイルカのショーを見に行った時のこと。水槽に「オキゴンドウ」という小さいクジラがいたので、長男が「こっちにオキゴンドウいるよ！」と夫に言ったのです。そしたら、夫は「うん？　大木凡人？」と言いながら、目を凝らしているんです。いるわけないでしょ、水槽に大木凡人さんが……！

結婚前に母が心配したこと

文句ばかり言っているようですが、それでもやはり私のパートナーは、夫でないとダメなんです。

私と同じぐらいテキパキ動く人は、たぶん私と同じぐらいキレやすいはず。ふたりでキレたら、もう刺し違えるしかありません。つらい時も夫の穏やかさに助けられることがたくさんあります。私の母も、性格から見た目から夫のことを絶賛していて、「あなたにはあの人しかいない。絶対に逃げられないようにしなさいよ」と、ことあるごとに言っていました。私だって、「この人以外に、私の性格に耐えてくれる人はいない。捨てられたら困る！」と思っているので、逃げられる寸前で手を替え品を替えしながら、なんとかうまく操ろうとしているわけです。こう見えてもけっこう必死なのです。

私はサラリーマン家庭で育ったので、結婚するなら同じサラリーマンがいいなと思っていました。夫は宝飾関連の会社に勤めています。

出会いは私がまだヴァイオリニストとしても無名だったある日のことでした。私の友達が結婚指輪を見に行くというのでついて行った宝飾店で、たまたま働いていた夫がその友達と知り合いだったという偶然がきっかけでした。紹介してもらってすぐ、

「これにしよう」

と直感。私から動かないと進まないと思ったので、猛プッシュしてつき合うことになりました。

デートに姉のみっちゃんを初めて連れて行った日、後から夫は、

「みっちゃんがダウン症だって、僕、全然わからなかったよ」

と言いました。夫なりの優しさから出た言葉だと思いますが、両親にそれを報告すると、

「彼、ちょっとおかしいんじゃないの？」

ほんとうに口が悪い両親ですよね。ただ、母は、

「ダウン症の姉がいることで、あなたとの結婚に二の足を踏むこともあるかもしれない。それであなたが傷つくのがいちばん心配」

とも言っていました。つき合っている時、夫に、

「大丈夫かな、みっちゃんのこと」

と聞いてみたら、夫は、

「どんなおうちにも障がいのある子が生まれる可能性はあるから、それは何の問題にもならないよ」

ときっぱり。夫の差別や偏見を持たない姿勢はずっと変わらず、ほんとうに尊敬しています。

婚約指輪より弓が欲しい

「この人捕まえなきゃ」

と思っていた私は、つき合い始めて3か月で自分からプロポーズしました。友達の結婚式の話で盛り上がった時、私が、

「そろそろどうよ？」

と振ると、勘の鈍い夫も気づいたらしく、

「よろしくお願いします」

と言ってくれました。そこから話が進み、1年後に結婚となったのです。

結婚式の準備は、新婦側が気合いを入れるもののようですが、私はコンサートでドレスをしょっちゅう着ているので、「ウェディングドレスを着たい」という気持ちは別にないし、宝石にもまったく興味はありませんでした。

一方、美意識の高い夫はこだわりが半端ではありません。

「婚約指輪どんなのがいい？」

と聞かれ予算を教えてもらって結構びっくり。その時、ヴァイオリンの良い弓を持っていなかったので、

「そんなに高くていいんだったら、それにちょっと上乗せして、弓買いたいんだけど」

と言うと、

「あっ、それでもいいよ」

と言ってくれました。そのことを母に話したら、

「婚約で弓買う人なんていないから！　ちゃんと指輪にしなさい！」

と怒られ、渋々指輪にすることに。弓は後日、自分でお金を貯めて買いました。

指輪を決める時も、たくさん並べてもらった指輪をあれこれながめて夫は、

「どれがいい？」

とうれしそう。私にはどれもこれも同じに見えて、いちばん普通に見えるシンプルな指輪を「これ」と指しました。すると、

「じゃあ、これでいちばんクオリティーの高いものを」

とかぶつぶつ言うので、

「いや、これでいいから。私はこれにする！」

とようやく決まりました。指輪一つ買うのにもテンションが全く違います。

でもそれ以来、ダイヤモンドが大好きになってしまいました。

夫のマリッジブルー

ウェディングドレスも、私は白ければ何でもいいと思っていたのですが、夫は私がこの調子で適当に選んだドレスを着られたら大変だと思ったみたいで、

「一緒に探しに行くよ」。

あげく、

「気に入ったものがないからデザインする」

と言い始めて、結局一から作ることになりました。どっちが花嫁かって感じです。

式場の内装や花も、私は一切タッチせず、夫がすべて決めました。好きな花、嫌いな花が明確にある人なので、テーブルの花はこれ、式会場のここにはあれ、などいろんなお花屋さんをまわって選んでいました。

結婚式についてはほとんどお任せでしたが、

「何か希望はないの？」

と夫に聞かれたので、

「一つだけ譲れないことがある。新婚旅行は絶対にアフリカって決めてるから」

とリクエストすると、

「ぼくも実はそう思ってた！」

と言うのです。ここだけは意見が一致し、アフリカでは動物の赤ちゃんが生まれたてでかわいい時期が3、4月頃と聞いていたので、それに合わせて結婚式の日取りを決めました。


夫は新居の家具にもすごくこだわりがあって、私は1軒の家具店で全部決めてほしいのに、テーブルはこの店、いすはこの店、棚はこの店、ベッドはあの店……と、毎回会うたびにインテリアショップを何軒もはしご。

「何でもいいから決めて！」

と面倒くさくなっていました。せっかちな私がすぐに、

「ああ、これでいい！」「はい、これで！」

というのに対し、夫は自分のこだわりとの温度差やスピードの違いを感じて、「これでやっていけるんだろうか」とマリッジブルーになってしまったようでした。私のほうも、夫の超のんびりなテンポで大丈夫なのかと思っていましたが……。

新婚最初の週末

もともと夫は、外で活動的に動くより家の中でゆっくり過ごすのが大好きなタイプです。忘れもしないのが、まだ結婚したばかりの頃のことです。

新婚旅行から帰ってきて最初の週末だったので、私は「あれもしたい」「これもしたい」と、いろいろ考えて楽しみにしていました。それなのに夫はその日の昼間、10時間ぐらい続けて爆睡したのです。普段昼寝をする習慣のない私は、てっきり夫の体調が悪いの

かと思って「病気なの?」と本気で心配しました。

するとすると夫は寝ぼけまなこで、

「クーラーをつけて窓を開け放して寝るのがいちばん好き」

なんて言うんです。私はあきれて、

「それって人としてどうなの? 最悪だよ! そういう人とは暮らせない!」

と家を飛び出し、映画館に駆け込みました。

当然追いかけてくるとか謝りのメールが届くはず、と映画にも集中できず、携帯電話をずっと握りしめて反応を待っていました。

でも、連絡は全くなし。映画が終わって仕方なく家に帰ってみると、信じられないことに、私が飛び出していった時とおんなじ形でグーグー寝ていたのです。

私は納得できず、どうにか自分の間違いに気づいてほしいと、夫をたたき起こして説教をしました。

「起きている時間は必死に働くのが健康な人の役目。病気でもないのに昼寝するのは罪」

私はそういうふうに言われて育ったからです。

でも、私が説教している途中に、夫はまたフーッと目の前で眠り始めたんです。私は「えっ、何なんだ、これは!?」とすごく動揺して焦り、頭が混乱して、心療内科に駆け込んで相談しました。

「先生、うちの夫は病気でしょうか?」

すると先生は、

「それは自己防衛本能。あまりにも怖いことがあると卒倒するのと一緒で、倒れちゃったんだ」

なんて言います。私は、

「この先生は信用できない!」

と怒って、今度は心理カウンセラーのところに行きました。

「先生、おかしいでしょ?」

そこでもたずねましたが、

「ご主人は昼寝が好き。あなたは起きて一分一秒惜しんで働くのが好き。どちらが幸せでしょうか」

と逆質問される始末。私は、

「幸せとか幸せじゃない、という話ではなく、『人として』どうなのか、そこを聞きたいんです」

と繰り返しました。私なんて毎日、「残念！　今日も時間切れ！」と思って布団に入ります。寝るのがうれしいなんて、起きて何かする意欲がない、つまり生きる意欲がないということだと思ってきたのです。なのに、カウンセラーの先生は、

「人として生まれたら、幸せになりたいでしょ。ご主人にとっては寝るのが幸せ。あなたはそんなにあくせく働いて幸せですか？　人の幸せは他人が決めることではないから、それを罪だとか奪おうとか思っちゃいけません」

なんて、私のほうが形勢不利。それが、「夫に対しては怒りをぶつけても無意味だ」と悟った最初の出来事でした。

本物の〝銀ブラ〟

どうしたら夫に土日も積極的に活動してもらえるかをカウンセラーの先生に相談しに行ったのに、なんだか私のほうがいけないみたいに言われ、モヤモヤした気持ちで帰宅しました。

でも、私は「寝るのが幸せ」なんて言う人を認めたくないし、自分の周りにはそういう人にいてほしくないのです。だから作戦を変更しました。

土日は分刻みでスケジュールを入れることにしたのです。「何時に起床」「何時にどこに行く」「何時に買い物」……と、あらかじめ紙に書いて予定表にしておけば、ダラダラ過ごせないだろう、というわけです。

さて、「10時に家を出て、銀座で買い物する」という予定の日になりました。出発は時間通りで銀座に到着。でも、具体的に何をどこで買うかまでは決めていませんでした。

そしたら、夫はなんと文字通りの「銀ブラ」を始めちゃったのです。何を買うわけでもなく、ブラブラ、ブラブラ……。ただあてどもなく銀座の街を歩き始めたのです。

私、世の中で嫌いなものは「ダラダラ」とか「グズグズ」です。目的もなくただ見ているだけのウインドーショッピングなんて、大っ嫌い。

夫がブラブラしている間こっちはむちゃくちゃイラついて、頭の中は「いつキレようか、いつキレようか」でいっぱいになりながらついて行きました。でも、まだ結婚したばかり。あんまりきつく言って嫌われちゃいけないと、なんとか我慢していました。

そしたら、夫は私のほうを振り向いて、

「楽しいね～」

開いた口がふさがらない……。

何が何でも勝つ私と譲る夫

私は負けず嫌いで闘争心の固まりです。でも夫は、

「負けず嫌いの意味がわからない」

「自分が負けることで友達が喜ぶなら、それでいいんだ」

なんて言います。私は、

「どんな手を使っても勝て！」

という考え方で育ってきたので、夫の言う意味こそわかりません。

小学校の時、私は運動会の徒競走でいつも1位。でも6年生の時、唯一危ういことがありました。しょうこちゃんという子が先頭を走っていて、私はトップから転落の危機にあったのです。

そこで、私は後ろから「しょうこちゃん、100円！」と叫びました。しょうこちゃ

んが「えっ？　私、ちいちゃんに100円貸してた？」と振り向いたそのすきをついてバーッと抜き、1位になったのです。クラスでその後語り継がれることになる、悪名高き「しょうこちゃん100円事件」です。

一方、うちの夫は徒競走でちょっと出遅れても1位になれる実力を持っている人です。気が弱いのでまずスタートの「バーン」という音で出遅れてしまいますが、それでもトップに追いついてしまいます。ただ夫がわからないのはここから。

小学校の運動会で、夫は1位だったのに先生が間違えて3位の旗のところに連れて行ってしまいました。私ならもちろん猛抗議です。でもそのまま黙って3位のところに座り続け、結局3位にされちゃった……。そんな残念な子だったのです。

ご両親が「証拠のビデオもあるのに……」と悔しがっても「別にいいんだよ」と気にする様子もなかったというのですから、何が何でも勝ちたい私とは真逆です。

お手すきの時に……

夫は声が小さいのです。これも私と真逆です。

以前、ゴールデンレトリバーを飼っていて、最初に犬の調教の学校に入れました。

1週間後、私たちが迎えに行くと、スタッフの方に、

「ここまでできるようになりました。こちら側に立って名前を呼んでください」

と言われました。

「エルモ！」

私が犬の名前を呼ぶと、エルモがタタタタッとこちらに来て、私の横にピタッと座ったので、

「すごい！　こんなにおりこうになったんだね！」

と感動しました。次に、

「じゃあ、ご主人やってみてください」

と言われたのですが、夫はスタッフの方が5、6人立って見ている中で緊張したのか、すごく小さい声で、

「エルモ……」

って呼んだのです。犬にも聞こえないくらい小さい声なので、エルモもこっちに来ないんです。私が、

「声、ちっちゃいんだよ」

と夫に言うと、それがまた恥ずかしいのと怖かったのか、

「・・モ」

ってさらに小さな声しか出せません。私もあきらめて、

「まず、夫に大きな声を出すことから練習させます」

と言うしかありませんでした。

声が小さいと、お寿司屋さんに行ってもたいへんです。私が頼むとガラガラ声のヴァイオリストがいることが周りにすぐばれちゃうから、「注文は僕にさせて」と言います。私の高圧的な態度を世間に知られたくないのだそうです。

でも自分が注文すると言いながら、他のお客さんの注文や板さんが握っているタイミングを見計らっていると、いつまでたっても注文できないんです。

「寿司屋で飢え死にしそう。早く頼んでよ！」

と私が怒ると、やっと、

「お手すきの時で結構ですが……」

と消え入りそうな声。

「その『お手すきの時』っていらないから！　普通に注文してよ！」

とさらに怒ると、ようやく小さい声で、

「トロ……」

目の前に、やっと一貫だけ。

「十貫ぐらい頼んでよ！」

パパのコネじゃない

夫は人に対して差別も区別もしません。それに私は基本、悪意を持って人を見ますが、夫は悪意を持って人を見ません。他人の言動を善意でしか解釈しないのです。

ある友達と一緒に食事した帰り道、私が、

「あいつ、自慢話ばっかりして最低」

と言ったら、夫に、

「そういう意味で言ったんじゃないと思うよ」

「あれは自慢じゃなくて、ありのままを言ったんだと思うよ」

とたしなめられました。そこで、私も、

「そうか、私の受け取り方がひねくれていたのかも」

と気づくことができるわけです。

また別の時に知人と話をしていたら、その知人が夫に面と向かって、

「どうせパパのコネで会社に入ったんだろ」

と言ってきたことがありました。

あまりにも失礼なので、私はその瞬間相手をぶん殴ってやろうかと思ったほど。

でも、夫は、

「いいえ、ママです」

と平然と答えたのです。私のほうが拍子抜け。後で、

「あれすごくムカつかなかった?」

と聞いても、

「だってほんとうにママのコネだったし」

と私には理解できない反応なのです。

これには「すごい! この人、本物の〝天然〟だ!」と感心してしまいました。

ありがたいダメ出し

ネットで「高嶋ちさ子」を検索すると、「あんな口の悪い女」とか「あいつにだけは音楽をやってほしくない」など、ひどい書き込みがたくさんあってちょっと落ち込んだことがありました。すると「えっ？　ちいちゃんは人に好かれたかったの？」と夫にサラっと言われました。

確かに私は人に好かれようとは生きていないし、普段の言動も人に好かれたいタイプの人間のものではありません。「あ、そっか」と気持ちがラクになりました。

率直で素直な夫のコメントに救われることも多いのです。

結婚当時は私が世間に痛めつけられたりすると夫は、

「そんなことないよ」

「みんな君のこと味方してるよ」

なんて慰めてくれるタイプでした。でも最近はネットで叩かれたりすると、ここぞとばかりに「やっとわかった？」なんてお説教してくるように「進化」しました。

「言ってたよね？　インスタにセレブ気取りの写真を上げてはいけないって。

人は〝うらやましい〟じゃなくて、〝恨めしい〟って思うんだよ」

「今まで天に向かって唾を吐いていたようなもの。だから今、その唾を浴びてるんだ」

……など、夫の言うことはたいていその通りなんです。私を見ていると、「調子に乗ってる。抑えなきゃ」という意識が働くようです。

母が生きている時は「あなた、いい加減にしなさい」と忠告してくれるのは母の役目でしたが、母が亡くなり私の歯止めがなくなった今、夫は自らその任を負ったようです。

「人って、地位が上がれば上がるほどイエスマンばかり周りに置きたがって『ノー』と言える人がいなくなる。ちいちゃんに対して『ノー』と言える人は僕だけだと思うから、僕の意見は大事にしたほうがいいよ」

「君は自分の足元を見ていない。自分の本当の仕事が何なのか、自分がどういう人に支えられているのかを見失っている。『ウケている』と思っているかもしれないけれど、ただ笑われているだけ」

「出る杭は打たれるし、君は出すぎです」

おっしゃる通り。


音楽好きで舞台をよく観に行く夫は、私のコンサートについても、選曲や間の取り方など鋭い指摘をしてくれます。

「クラシックとはいえ、動きがないと見ていて飽きるよ。歩き方一つからよく考えて、人の目をひくようなことをしたほうがいい」

「自分たちはいいと思ってやっているんだろうけど、それほど客席は感動していなかったよ」

直言直球です。トークのダメ出しはあまりありませんが、衣装も全身、上から下までチェックして、

「ホールの色とドレスの色が合っていない」

「共演者のドレスの色とのバランスが悪い」

「つま先がちょっと見えるぐらいが旬だから、ドレスは丈を短めに詰めたほうがいいよ」

まるでスタイリストです。

私の両親も私のコンサートに来ると言いたい放題でした。

「招待券なんだから文句言わないでよ」

と言ったら不服そうで自分でチケットを買うようになり、今度は、

「チケット買ったんだから言わせてもらうから」

でも厳しい意見をもらえるのは、ありがたいことです。「よかったよ」と褒められるだけでは進歩しませんから。

ヘビメタ好きの夫

夫は会社で軽音楽部を作りました。好きな音楽ジャンルはヘビメタで、普段のイメージと全然違います。衣装も半端じゃないヘビーメタルなので、そのギャップには笑うしかありません。会社さえ許してくれれば長髪でいたいそうです。

軽音楽部は新入社員の歓迎会やクリスマスに発表があって、その前になると部屋に閉じ籠もり、毎晩ギターの練習をしています。

結婚前に演奏しているところは見たことがなかったので、結婚して持ち込んできた荷物を見て驚きました。ギター20～30本、衣装は鋲がついた革ジャンなど革系ばかりで、重くてハンガーが壊れそうに。

防音を施した音楽室は私用のつもりだったのに、夫は本格的なアンプなどをどんどん運び入れてきました。それに、いつも夫が車に乗った後にエンジンをかけると、いきなり大音量のヘビメタが流れびっくり。

ロサンゼルスで開かれたヴァン・ヘイレンのコンサートに0泊3日の弾丸で行ったこともありました。そういう時は「これだけは止めないでくれ」みたいなもう真剣な感じで止められません。

私がヴァイオリンの名器ストラディバリウスを買った年、

「ぼくも記念にギター買っていい？」

と聞いてきたので、まあいいか、と許したら、買ってきたのが、ヴァン・ヘイレンモデルという当時約300万円もするギター。そんな高い物を買うとは思わなかったので、「ふざけるな！」と思ったのですが、私が買ったヴァイオリンのほうが桁違いに高いので、文句も言えません。

しかもそのギターは完全レプリカとかで、箱も何だかほこりまみれ。クモの巣が張っているような感じだったので、

「汚いからこれ捨てるね」

と箱を捨てようとしたら、

「だめ～！　これは!!」

と激しく抵抗されました。

2020年10月にヴァン・ヘイレンのギタリスト、エディが亡くなった時の夫の落ち込みぶりは相当なものでした。

「喪に服すから」

と言い出して、毎日籠もってヴァン・ヘイレンの曲を弾きながら〝ひとり追悼コンサート〟を夜中までやっていました。

「俺の青春は終わった……」そうです。

チョコレート店の時計

長男を出産した後、私は初めての新生児を抱えて大わらわ。それなのに夫は1週間ぐ

らい毎日帰りが遅かったので、

「テキパキ仕事して早く帰ってきて！」

「グズグズしてるからこんな時間になるんでしょ！」

と怒っていました。その週末、夫から、

「ずっと赤ちゃんと一緒だったから、大変だったでしょ。久しぶりに外に出かけよう」

と銀座に誘われました。そこで連れて行ってくれたのが時計店でした。

「どれがいい？」

夫はうれしそうです。すごくありがたいことですよね。店員さんからも、

「ご主人、毎日どれがいいかなって悩まれたんですよ」

と聞いて、その時ばかりは「悪態ばかりついて、悪いことしたな」と反省しました。

「時計ありがとね。しばらくは優しくするね」

夫は会社帰りに私に内緒で時計店巡りをして、プレゼントを選んでくれていたそうです。私もしおらしくお礼を言いました。

ほんとうは時計を買うにしても、私は「はい、これ」と即決なんですが、夫は一緒にあれこれ選びながらその時間も楽しみたいというタイプ。だから私も「これもいいね～」と、夫につきあって少し悩む振りをしました。

でも、そんなことをしていたら、授乳中の胸がパンパンに張ってくるし、お腹はすいてくるしで、お店から出て車に乗った時は耐え難くなり、

「お腹が減りすぎて、おっぱいも出ないよ！　コンビニでおむすび買ってきて！」

とぶちギレてしまいました。夫が慌てて買いに行ったおむすびを、私がむしゃむしゃ食べながら授乳していたら、

「君の『しばらく優しくする』って3分くらいなんだね」

とちょっと悲しそうでした。今思い返すと、せっかくのサプライズプレゼントだったのに、すまんね。

次男の出産の時は、会社勤めの主人が自ら希望して7か月の育児休暇を取ってくれま

した。それで今度は私がそのお礼に時計を贈ることに。

夫は「いいよ」と遠慮したのですが、私は買う気満々。ひとりでお店に行って、いろいろな時計の写真を「どれがいい？」と夫にメールで送り、その中から選んでもらいました。

夫がその時計をつけて初めて会社に行った日の夜、私は、

「みんなに何か言われた？」

とワクワクしながら聞きました。

「『かっこいいね。どこの時計？』って聞かれたよ」

と夫もうれしそう。私が、

「それで、それで？」

と聞くと、

「『ピエール・エルメ』って言ったら、みんなびっくりしてたよ」

私、一瞬固まっちゃいました。

「そりゃ、びっくりするよ。それ、チョコレートのお店だから！　これは『ピエール・クンツ』！」

夫は一応、宝飾店に勤めているんですけどね……。

非効率なパパの家事

夫が育休を取ってくれたおかげでかなり助かりましたが、私のイライラが減ったわけではありません。

私としては、休みを取ったら家事もやってほしいのです。それなのに夫は「新生児とともに寝て、ともに起きる」という生活を送っていました。つまり、ものすごく寝て過ごしているわけです。

家事といったら、炊事洗濯以外にも、たんすや食器棚の整理とかもやってほしいのです。それで、「子どもの洋服だんすを整理してほしい」と頼みました。

　すると夫は、たんすの引き出しに何か絵を描いた紙を貼っていきます。「中に入っている物が一目でわかるように」と、ポロシャツだったらポロシャツの絵を描いて、ご丁寧に色まで塗って、子どものイニシャルも描いてペタッペタッといちいち貼って……。私はそれよりもさっさと片づけてほしくて、

「時間ないし、それ、いいから」

　とちょっとイラっとして言っても、

「シッターさんにもわかりやすいでしょ」

　と本人は出来栄えに満足そう。掃除も見えづらいところからするので成果がわかりません。

「全然きれいになってないよ！」

　と怒ると、

「ここやったよ」

　と指さします。見ると、全然使っていない引き出しが整理されていました。

「そっちやる前に、こっちでしょ。物事には優先順位あるんだから!」と文句を言いたくなってしまいます。やってくれるなら、もっと効率よくとか考えてほしいのです。別の日、

「今日はどこをきれいにしたの?」

と聞くと、私の下着の引き出しだと言います。私は引き出しに下着をぼんぼん突っ込んで、びっくり箱みたいに飛び出してきたものを着ていくのですが、夫は下着もきれいにアイロンをかけてたたんでいるような家庭で育ったので、以前から気になっていたようです。

引き出しの中が下着売り場のようにきれいになったのはいいのですが、なんだかイラっとしてしまうのでした。

「私へのイヤミか!」

靴下のトラウマと免疫

結婚して10日目ぐらいのこと。私は全然覚えていないのですが、夫が靴下を裏返しのまま洗濯かごに放り込んだのを見て、私がぶちキレたそうです。

それなのに、翌日洗濯かごを見たら、私の靴下も裏返しだった。でも怖くて反論できないままだったそうです。

10年後になって、その話をぶり返してきました。

「いつの話よ？　そんなのもうとっくに時効だよ」

と言っても、

「あの時はすごく怖かった」

と、トラウマになっているようです。夫の言い分は、

「あの時、生まれて初めて人から『バカ』って言われた。靴下を裏返しで入れただけでののしられ、すごく傷ついた」

「絶対に人に言ってはいけない言葉を使う、ひどい奥さんだと思った」けれど、結婚から1年たち2年たち、その後も怒られ続けているうちに、慣れてしまったそうです。それればかりか、

「子どもたちも社会に出たら、会社で口の悪い上司に『このバカ』『間抜け』とののしられるかもしれない。その時傷つかないように、荒っぽい言葉を言い続けて慣れさせるのも手だな」

そういえば、私の両親も同じ考え方でした。

姉のみっちゃんを家の中でいくら大事に大事にかわいがっても、一歩、家の外に出れば障がいを持っていることでいじめられたり差別に合うだろう。そのギャップですごく傷つくよりは、家の中から厳しい現実に免疫をつけておいたほうがいいって。だから高嶋家では、家族で『バーカ、バーカ』って言い合ってました。

夫が、そんなふうに考えを改めたのも一つの「進化」でしょうか。

ドレスで幼虫の土替え

子育てをしているうちに「進化」した夫は「反抗」することも多くなりました。

子どもたちとカブトムシの幼虫8匹を飼っていた時のことです。カブトムシは土がエサになるので、汚くなったら土を替える必要があるのです。ある日、私が仕事に行く前に虫かごの中を見たら、土がふんだらけになっていたので「これはやばい状態」と気づき、虫かごごと机の上に出して、夫に、

「土、替えておいてね」

と頼んでおいたのです。でも夫は、

「まだ、いいんじゃないの」

と素知らぬ態度。帰ってから見ると、土は替えられていませんでした。私は頭にきて、
翌朝コンサートに行く前に夫の目の前に土を持ってきて、

「これ、替えておいて。ほんと、もうやばいから」

と念を押して出かけました。

帰宅したら、やはり土はそのまま。しかも机の上に置いておいた土を、わざわざ机の下に置き直してあったのでカチンときました。

次の日こそ厳しく言ってやろうと思っていたのですが、翌朝、コンサートのために私がメイクを完璧にしてドレスに着替えて準備が終わった時には、夫は子どもたちともう出かけてしまっていたのです。

虫かごの中では、幼虫が土の上であがいていました。限界とわかり、

「もう、これは私がやるしかない……！」

と覚悟を決めました。

時間がないので、きれいなドレスを着たまま新聞紙を広げ、幼虫のふんを出して土をバンバン入れ替えました。幼虫はおたまですくって移し替えました。

「このおたま、もう使えないなあ」

とちょっとブルーになりながら。

コンサートから帰ってきて夫を責めると、

「今日やろうと思ってたんだよ」

とあくまで反抗的な態度。

自分からやることを見つけて、自主的に動きたいのに、私の「やっておいて」という命令口調がプライドを傷つけるんだそうです。

子どもたちも、私のきつい言い方がイヤだと言います。私は、

「面倒くさいな、じゃあ、どんな言い方をすればいいの？　つべこべ言わず、ママが言ったようにやれば素晴らしい人生が待ってるよ～」

と言うのですが、誰も耳を貸してくれません。

会社辞めてもいいかな

夫はとても優しいので、子どもが熱を出した時には、夜中ずっと起きて看病してくれていました。私を起こさないよう隣の部屋に移り、一睡もしないで朝を迎えていたこともあります。そんな時はゾンビみたいに疲れ切っていましたが、

「ちーちゃんは眠れた？」

と私を気遣ってくれます。私が、

「おかげでよく眠れたよ。パパはそんな状態で会社に行って大丈夫なの？」

と言うと、

「大丈夫だよ。僕は会社で寝るから」

それを聞いて私は、

「えっ、うそでしょ!?」

と絶句。

「大丈夫。ぼくは毎日昼食の後、気が遠くなるんだ」

〝気が遠くなる〟って……？

「寝てること、会社の人にバレてないの？」

あきれて聞くと、

「いや、寝てる時は目を閉じているから、バレているかバレていないかわからない」

なんて言うのです。いったい会社に何をしに行っているのか。

そんなことで大丈夫かなあと思っていたら、ある日家で、夫がシッターさんに、

「会社、もう辞めてもいいかなと思っているんです」

なんて話しているのが聞こえてきました。聞き耳を立てていたら、シッターさんも、

「そうですね。子どもが鍵っ子になるのはかわいそうですよね」

なんて相づちを打って、何だかふたりで話を進めているじゃないですか。

「オイオイ、じゃあ私はずっと働かなくちゃいけないじゃん！」

思わず突っ込みましたよ。

以前にもこんなことがありました。

子どもたちを1週間くらい夫に任せてコンサートツアーから帰ってくると、長男の学校からの連絡帳には「忘れものが多すぎます」など注意が書かれていました。頭にきて、「こんなんじゃオチオチ仕事もできないよ。会社辞めたら」

と夫に詰め寄ると、

「確かに僕が辞めたほうが、君が辞めるより金銭的には助かる」

なんてあっさり認めるんです。

いやいや、夫は家にいたらきっとダラダラしているだけだから、せめて会社には行ってほしいのです。子育てや家事を言い訳に家での～んびり過ごすため、会社を辞めて「主夫になりたい」なんて許しませんから。

夫はこうも言いました。

「君には志があるが、僕にはない」

はい？と意味がわからなかったのですが、夫によればこういうことでした。

自分が子どもをみている時は「転ばないように」「風邪をひかないように」と目先のことだけ気にしている。でも私は20年後とか遠い将来の子どもの姿をみて、逆算してことを進めている、と。

「だからこれからは〝君の決めた大きな志を僕の志〟として、君の考え方を優先しつつ細かいところを僕が補っていくようにする」

これで夫は完全降伏だなと私は内心ほくそ笑みました。結局、

「会社を辞めたら子育てが本職よ。これまでみたいに抜かりがあったら、絶対に許さないから」

と念を押すと、

「やっぱり辞めない」

と、すぐにしっぽを巻きましたが、子育て方針は一致したのです。

第4章

妊娠そして出産

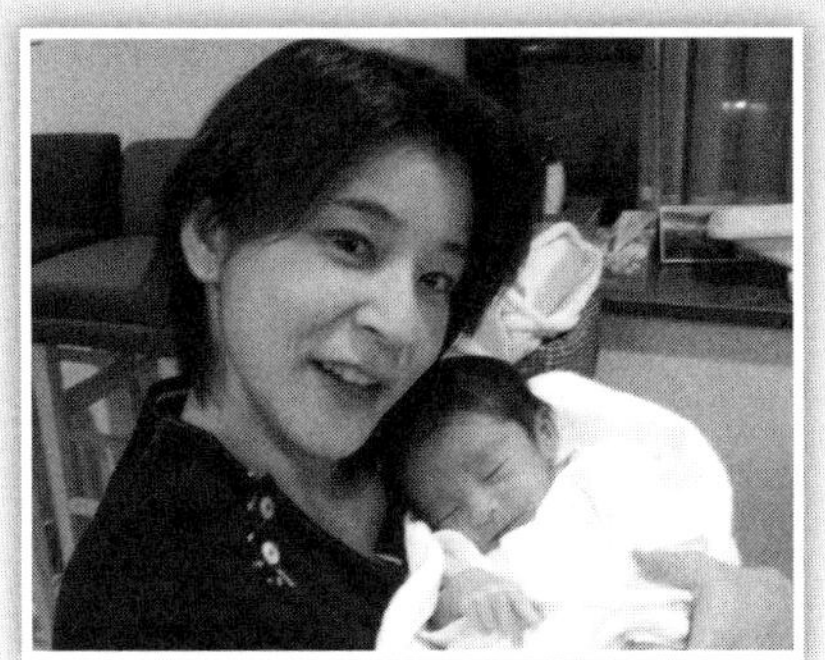

涙の不妊治療

すっかり大きくなった子どもたちを見ていると、時々、今よりずっと幼かった頃のことを思い出します。

私たち夫婦は上の子の出産まで約3年間、不妊治療をしていました。流産も3回経験しています。

1回目の流産は夫のアメリカ赴任中でした。流産した時の診察で子宮頸がんが見つかり、夫は真っ青になって日本に帰国。幸い初期だったのでレーザー治療で完治しました。赤ちゃんが病気を教えてくれたのかもしれないと思っています。

その後も着床はしても育たず、なかなか恵まれませんでした。夫の帰国後、私たちは不妊治療を始めました。

1年半通った病院は、待合室で何時間も待たされ、先生は私の話も聞かずに「はい、この薬のんで」「次は何日に来て」と流れ作業的に診察をするところでした。「忙しく働いているから妊娠できないのでは」という不安もおこり、仕事も1年間休みました。

その間に2回流産をしました。搔爬《そうは》手術は麻酔なしで行われ、それはそれはつらいものでした。後で知人にその話をしたら「そんなの野戦病院でもしないよ」ということでしたが、どうやら、麻酔をかけるとベッドの滞在時間が長くなり病床の回転率が悪くなるから、というのが麻酔をしない理由のようでした。

当時はそんなことも知らず、何回泣いたかわかりません。あげく、その病院の先生に、

「子どものいない生活も考えてみたらどうですか」

と冷たく言い放たれ、絶望しかありませんでした。「あの人は今」にあの先生呼んでみたいよ。

あまりにも苦しかったので、もうここまで頑張ったから、と夫と話し合って、子どものことは1度あきらめました。

不妊治療にお金を使うこともなくなったからと、夫はスポーツカーを、私は大画面テ

レビを買って、「ふたりで優雅に暮らそう」と気持ちを切り替えようとしていました。

運命の先生との出会い

ちょうどその頃、一緒に不妊治療を続けていた軽部さんの友人アナウンサー西山喜久恵さんから、

「ちさ子さん、最後あきらめる前にもう一度行ってみない？　とてもよい先生がいるって聞いたの」

と声を掛けられ、出会ったのが運命の先生だったのです。

私がそれまで通っていた病院での不妊治療の話をじっくり聞いてくださった後に、先生は深々と頭を下げておっしゃったのです。

「不妊治療では患者さんとの意思疎通が大事ですが、日本の現状では充分でありません。あなたが苦しんでおられるのをサポートできなかったことは、私の責任ではないとはい

え、同じ医療人としてお詫びしたい」

それを聞いて、この先生だったらもう一度頑張ってみようかな、と心が動きました。

先生がまずアドバイスしてくれたのが、

「リラックスすることが大事だから、どこか旅行へ行って気持ちを新たにしてみたらどうですか」

それまでの私だったら、そんなこと言われたら、見捨てられたと思うくらい追い詰められていたのですが、先生がそうおっしゃると素直に「それも大事なのかな」と思えました。

そこで母とハワイへ行ってのんびりと楽しんできました。そして帰ってきてから治療に入ったら、すぐに妊娠したのです。

先生によると、私の治療の場合、適切な排卵誘発剤を適度に使うことが大事なところ、前の病院ではあまりお薬を使わない方針で、その意味では合わなかったようです。

不妊に悩む人がさらに苦しめられるなんて、あまりにひどすぎます。この先生との出会いがなければ、完全に子どもをあきらめていました。

分娩室での怒声

出産予定日は2月でしたが、生まれる前は「また流産するかも」という心配がつきまとっていたので公表せず、すごくおしゃべりな父にはもちろん黙っていました。「元気に生まれて初めて喜ぼう」と決め、赤ちゃんの名前を考えたりベビー服を準備したりということもしませんでした。

安定期に入った妊娠5、6か月ぐらいで、予定日前後のコンサートをキャンセルすることになり、その過程で妊娠の話がマスコミにも漏れたようです。父は私の妊娠をヤフーニュースで知ったと驚いていました。

前置胎盤になり、仕事を休まなくてはならないかもという状況になってしまいましたが、12月まで仕事をしているうち自然に治っていました。

しかし、出産は予想以上に大変なものでした。私は予定が立たないことが嫌いなので、先生に、

「最初からおなかを切ってください」

とお願いしましたが、

「どこも悪くないのに切れません」

と却下されました。そこで、出産日をあらかじめ決める計画分娩で出産することにしたのです。

その日、朝8時ぐらいから陣痛促進剤を投与されましたが、まったく効きません。別の促進剤を入れたら、今度は吐き気がすごくてゲロゲロ吐き続けて体力を消耗。ようやく陣痛がきたので、無痛分娩ということで麻酔を入れましたが、それも効かなくて深夜になっても生まれず、12時間も陣痛に苦しみました。先生もさすがに、

「もうだめだ。帝王切開にしましょう」

と判断。それを聞いた私は、分娩室でキレて怒鳴ったらしいです。

「だから、最初から『切れ』って言っただろうが！」

そんな修羅場はあったものの、無事に男児を出産することができました。

帝王切開は出産後、ものすごく痛いんです。本には「3日目で歩けるようになる」と書いてあったので、そう聞いたら1日目で歩きたくなるのが私。点滴を杖に必死でベッドから起き上がり、うなり声をあげながらベッドから降りて歩こうとしている姿は、まさに「ゾンビそのもの」だったとのちに友人に言われました。


私の場合、いわゆる育児休暇はほとんどありませんでした。2、3か月休んでしまうと舞台に立つのが怖くなるので、つらくてもなるべく早く復帰したかったのです。が、産後1、2週間はまだ体力も回復しきっていないし、初めての赤ちゃんを抱えてのあまりの大変さに、

「これでヴァイオリンが弾けるわけないだろ」

と気が遠くなりました。

5分間2本勝負

以前は私も、仕事場に子どもを連れていくのはどうかという考えでしたが、実際、自分が子どもを産んだら、やっぱり離れることができませんでした。母乳で育てていたこともありますし、ミルクだったとしても赤ちゃんから離れられないという気持ちもあり、もし離れなければいけないなら仕事をやめようと決めていました。

それでも産後1か月半後には、コンサートに復帰ができました。コンサートの主催者の側から、

「どうしても高嶋さんに来てほしいから、お子さんを連れてきても構わないですよ」

と言ってくださるところが結構あったのです。ありがたい話です。

全国には託児ルームが併設された公民館やホールも多く、育児中は、子ども連れでもOKの会場でコンサートを行ってきました。

常にシッターさんが同行してくれて、いろんな方のおかげで何とか乗り切ることができました。長男は生後8か月でニューヨークまで行ったり。ひとりではとてもできなかったと思います。

演奏中もシッターさんが子どもの世話をしてくれました。コンサートが始まる前にまず1回授乳。ヴァイオリンを弾き始めると体温が上がり、胸が張ってパンパンになってくるので、コンサートの休憩中にまた授乳します。

赤ちゃんが泣いたら飲ませるという習慣ではなく、休憩は15分なので「5分間2本勝負」。右のおっぱい5分、左のおっぱい5分吸わせたら「はい！　キュッと止まる」という具合。母乳パッドもいらない「蛇口のように便利なおっぱい」と言われました。残りの5分で着替えを済ませてまた慌ただしく舞台へ出ていきました。

離乳食になった後も、長男をコンサートに連れて行きました。シッターさんが旅行好きで、

「子どもは家の中にずっといるより、いろんな場所に行っていろんなことを経験するほうが絶対にいい」

という信条を持っている方なので、全国各地を一緒に巡りました。

私は30代後半での高齢出産になりましたが、ある程度自分のやりたいように仕事ができるポジションになっていたからこそ、こういう勝手が通ったんだと思います。これがもし新人で仕事を選べる状況じゃなかったら、こんな働き方はできなかったでしょう。

育児本などを読むひまは全然ありませんでしたが、有能なベビーシッターさんがいてくださってほんとうに助かりました。

たとえば、赤ちゃんが泣いているとすぐに、「お尻だな」と目を光らせ、おむつをペロッとめくる。そうするとやっぱりおむつかぶれをしていた、とか。さすがベテラン、子どもも私も安心でした。

都内でレコーディングなどの仕事がある時は、搾乳で対応していました。肉食系の私

は脂っぽいものばかり食べまくっていたので、搾乳して冷凍庫に入れておくと、シッターさんに、

「私は何年もベビーシッターをやっていますが、こんな上2センチ脂が浮いているようなミルクは見たことがありません」

とあきれられました。

「いやいや、その脂に栄養があるんですよ」

なんて私は根拠もなく言っていましたが、子どもが風邪もひかずにずっと元気だったのは、やっぱりあの脂がよかったのでしょうか。

ただ、長男は全然眠ってくれず、ベビーカーで夜中に近所をぐるぐる回るなんてこともしょっちゅうで、いつも私は寝不足でした。もうろうとした状態で地方に行ってヴァイオリンを弾き、帰ってきてようやく寝られると思ったら起こされ……。

「寝ることさえもったいないと思っていた私でも、さすがに眠りたい」

と思いました。

23 区内で安静に

2人目も不妊治療で授かりましたが、切迫流産と診断され、1週間の入院と絶対安静を言い渡されました。

特に、重い物を持ったり長時間立っていたり、乗り物に揺られたりするのはNG。とはいえ、予定されていたコンサートの仕事があります。ヴァイオリンは立って弾かなければならないので、赤ちゃんが落ちてこないよう子宮口を縛る手術もしました。

「公演はキャンセルしたくない」

「這ってでも行く」

と粘っていましたが、身内や友人からは、

「本人は責任感が強いつもりかもしれないが、そんな状態で仕事するのは褒められたことではない」

と厳しく言われました。

私の意地で逆に迷惑をかけることになってはいけないとも思い、臨月1か月前まで予定されていた全公演をキャンセルさせていただくことになってしまいました。

入院を勧められましたが、

「病院は絶対にイヤ！　家でちゃんと安静にするから」

と自宅で安静にすることになりました。私はじっとしていられないタイプなので、動きすぎて生まれそうになっては困ると、夫からは、

「とにかく生まれるまでは動かないで」

と怒られたものです。夫は一緒に病院に行った時、

「この人に、安静っていうものはどういうことか、ちゃんと教えてやってください」

と先生に頼みこみました。

「安静というのは、ずっと寝ていることです」

という先生の返答に、夫は、

「そうですよね。この人にとって安静っていうのは、東京23区から出ないってことなんですよ」

と訴えていました。

そこで私は、夫が会社に行っている時にコソコソと家の中で活動して、戻ってくるとピタッと動かないという生活を送ることにしたのです。

じっとしているしかないのでDVDを見まくりました。ちなみに長男を授かった時はアメリカドラマ『24』を全エピソード制覇。次男の時は朝の連ドラとかを見ました。なのに長男は穏やかな性格で、次男はジャック・バウアーみたいにキレッキレです。つくづく胎教とか関係ないなと感じます。

DVDを見続けるのも飽きてしまうと、外に出たい気持ちがムクムクと湧いてきます。「自分で運転してはいけない」と言われると無性にしたくなり、ベビー用品店を見てこようと夫の車を初めて運転しました。夫の愛車はマニュアルのスポーツカーです。

「こりゃ最高の車だ～」

と喜んで運転していたら、私としたことが店の駐車場の壁にぶつけてしまうという失態。普段ならさすがに「僕の車を！」と激怒されるところですが、夫は、

「体、大丈夫？」「車はいいから」

と心配してくれました。その時だったから許されたようなものですね。


そんなアクシデントもありましたが、予定日を迎え、次男も帝王切開で生まれました。出産後は、看護師さんに「元気な男の子ですよ」と言われても、下半身麻酔で脚が動かない状態。出産の感動にひたる余裕もなく、その後も帝王切開後の痛みとの闘いで、私は母性がないんじゃないかと思うくらい、自分のことで精一杯でした。

腱《けん》鞘《しょう》炎《えん》とブロック注射

次男出産後、1か月もたたずにコンサートが入っていたのですが、2人目の時は夫が

育児休暇をとってくれたので助かりました。会場にはシッターさん、育児休暇中の夫、子ども2人の5人で移動。総動員でした。

家では夜中に次男がギャーンと泣くと、私は寝たままで夫が次男をおっぱいを飲みやすい形に支えてくれて飲ませる、という方式。私は寝た状態で授乳ができて、これはすごく楽でした。

長男の時はたいへんでした。哺乳瓶で搾乳を飲ませていたら、哺乳瓶を持つ形で指がつってしまったのです。腱鞘炎でした。抱っこのしすぎやホルモンのバランスの崩れが原因で、出産後はなりやすいそうです。

コンサートの予定は容赦なく入っていたので、ブロック注射を打って痛みをだましだましヴァイオリンを弾くという感じで、つらくてたまりませんでした。

口の悪い母も見るに見かねて、

「あなたがかわいそうで、見ていられない。代われるものなら代わってあげたい」

と言ってくれたほど。

「珍しく優しいこと言うな」

と思ったものです。

それで、次男の時は私の負担を減らすため母が抱っこしてくれていたのですが、今度は母が腱鞘炎になってしまいました。私が、

「別に指が動かなくても、仕事でもないからいいじゃない」

と言うと、

「でも、大好きなピアノが弾けないわ」

と母。

「じゃあ、ブロック注射紹介してあげるよ」

と言うと、大声で、

「いやよ、あんなの！」

おいっ！　私と代わってあげたいって言ってただろ。

1人目の長男の時は、「なんで赤ちゃん泣いているんだろう？」と、ちょっとのことでも不安になったりドキドキしたりすることが多くありました。

でも2人目になると、「そこまで心配しすぎなくても大丈夫」という感覚がわかってきて、夜中に泣いていても3回に1回は起きていかなくても様子をみている、とかいい具合に手抜きができるようになりました。何をするにも経験に勝るものはないですね。

2人の息子はもう反抗期を迎えるまでに成長し、普段はそんなことも忘れて怒ってばかりですが、時折あの頃を思い出して、今に感謝したいと思います。

家族のアルバム

写真右から兄、姉、4才の頃の私。この頃から我ながら気が強そうな顔だと思う。仲良しきょうだい。最近まで兄・太郎のLINEをブロックしてた。さすがに解除したけど。

日本に私を残して半年間、父の海外赴任中。両親と姉兄はアメリカ生活を満喫していたようで、母が整理していたアルバムには「ロスアンゼルス・ズー」とか楽しそうな写真が。

2000年頃に母と姉とスイス旅行へ。この時も母は写真をアルバムに整理していて、見返していたらこんなメモが。さすが母らしい。

私も父も何のために撮影したかわからない家族写真。その割にみんなよい笑顔だ。

第5章

手探りからの子育て

夫に似た長男、私に似た次男

「みっちゃんが困らないようにあなたたちを産んだのよ」

と母から言われて育ってきたことをある心療内科の先生に話したら、

「それはさすがにひどいですね、つらかったでしょう」

と言われました。そう思う人が多いのかもしれません。けれど私はこう返しました。

「先生、私がそれをひどいと思うような子だったと思うんですか？　私は自分が使命を持って生まれてきてそれでよかったと思っているし、そんな見方しかできない先生に私のことはとても任せられないな」

母は私の性格を見抜いて言ったと思うのです。「この子は強い子だ」とわかっていたから私をこのように育てたし、もし私が弱い子だったら受け止められなかったでしょう。

きょうだいでも全く個性が違うから、育て方はその子その子で違ってくる、子育てをしているとほんとうに実感します。

長男は夫の性格に似て、平和主義で優しくて穏やか。手先が器用で物作りが好き。幼い頃から自分の興味のある昆虫とかシャチとか大好きなことで頭がいっぱいの「マイ・ワールド」を持っています。

ちょっと怒りすぎたかなと心配になって後で声をかけても「なあに？」ってキョトンとしていたり、〝鈍感力が冴えている〟ともいえます。うちの母からは、

「完全にノーベル平和賞ものよ」

と言われていました。

一方、４才からチェロを習い始めた次男は、「子どものくせに黙ってろ」とよく言われた私にそっくりです。〝人たらし〟なところがあって、幼稚園の時から女の子に大人気。幼稚園の先生にもアプローチしたり、大人からも「うちの子にならない？」なんて誰からも好かれちゃう子でした。

「やっぱ俺さ、大人になったらママと結婚しようかな」

なんて私にも言ってくれるので、母親としてはうれしいですが、将来、女ったらしになるんじゃないかとそっちが心配です。

ただ、観察眼が鋭く気づかなくていいことまで気づいてしまうのも私に似ていて、強そうに見えて意外と傷つきやすいので、次男を叱る時には言葉を選んでいます。

性格的には長男と次男を足して２で割ったくらいでちょうどいいのかもしれません。

答えられない2つの質問

そんな繊細なところのある次男が４才の誕生日に、

「死ぬってわかってるのに、なんで産んだんだ」

って聞いてきたんですよ。深すぎて、さすがの私も答えに詰まってしまいました。次男は死に対しての恐怖心がハンパないんです。そういうところも私にすごく似ています。

私も、宇宙の端はどうなっているんだろうと考えて眠れなくなっちゃうタイプの子だったから。

次男に聞かれて答えられなかった質問があと1つあるんです。それは、

「お金持ちになる方法を教えてくれ」

これも4才の時に、お風呂であごまで湯船に浸かりながら唐突に聞いてきたのですが、やはり即答できませんでした。

「ママが言うことで今まで間違っていたことある？」

と聞くと、

「ない。だけど、お金持ちになる方法はまだ教えてもらってない」

と言います。お医者さんならお金持ちになれるのか、チェリストならなれるのか……チェリストだったら、世界でトップクラスにならないとお金持ちにはなれないかもしれない。お医者さんでも、病院経営までしなくちゃお金持ちにはなれないかも。地位と名誉を取るのか、お金に走るか……この問題は正解が1つではないので、よく次男と議論

するんですよ。

「お金持ちになりたい」っていうのはその頃から次男の口癖なので、「なぜお金を稼がなくちゃいけない」のか、たとえばこんな話をしました。

「ママにはダウン症の姉・みっちゃんがいて施設に通ったり東京都にも区にもお世話になっているから、その分ママが税金もいっぱい払わなきゃいけないと思ってる。そういう意味で、ママは稼いで『お金持ちになりたい』んだよ」

とか。

次男がなぜお金持ちになりたいかというと、一つはビルを建てる構想が幼稚園の頃からできていたからです。その計画には長男も入っていて、次男がビルを建てたら、生まれた時からお世話になっている2人のシッターさんも一緒に住めるようにして、

「お兄ちゃんがいちばん上の階に住む」

と決めていました。建てるのは次男なのに、いちばんいいところには長男が住むらしいんですよ。そして長男は、

「僕はお金持ちの奥さんと結婚して、パパみたいなサラリーマンになって、平日会社に行って土日は家族と楽しく暮らす」

小っちゃいんだか大きいんだかわかんない夢だな。

得技は「垂直跳び」

そんな個性の全く違うきょうだいですが、取っ組み合いのケンカはしたことがありません。長男と次男は夫と私の関係性そっくりなんですよね。

私のほうが夫よりできてしまうことが多いのですが、どこかで尊敬している部分があるのです。夫には私にはない部分があるから。それと同じで、次男は鉄棒の前回りとか何をやっても長男を超しちゃうけれど、お兄ちゃんをバカにするってことがないのです。

きょうだいでちょっとしたトラブルになっても、私が「やめなさい！」とたしなめると「僕が悪いから」「僕のほうが先にやった」と自分のせいだとお互いかばい合います。

パパに似ておだやかなお兄ちゃんを次男は「強くて優しい」と自慢に思っているし、長男は自分にはできないけど、ものおじせず大人とやりあえる次男をすごいと思っているのです。

2人の持つ能力が異なっていて、うまくバランスがとれているのでしょう。次男のほうが、絵的にわかりやすく「すごい！」って部分が多いんです。

たとえば水泳。次男はもうブワーッ!!と水しぶきを上げて派手に泳いでいくから、見るからに速そうなんです。長男はきれいにおしとやかに水を泡立てないで泳ぐから、見た目は地味なんですよね。でも結果は速いんです。

ちなみに長男がいちばん得意な競技は垂直跳びで、学年で1番でした。「垂直跳びがすごい」って、なかなかアピールの場所がないけどね。

長男は幼い頃から水族館が好きで、ダイビングの免許を取ったり興味の方向は〝海〟からブレません。でも欲がないというかガツガツしていないんです。

カジキ釣りに行く機会があって、船長さんがいろいろと熱心に説明してくれたことがありました。それなのに、3分くらいたつと目が泳いじゃう。

「ああやってカジキ釣りの話を聞いて、『俺もカジキ釣りたい』とか『クルーザーを持ちたい』とか思わないの?」

と言ったら、

「話を聞いたら大変そうだから、クルーザーはたまーに借りればいいじゃん」

なんてのん気なことを言ってました。

週1子育てミーティング

子どもの育て方や教育に関しては、夫ととことん話し合ってきました。

「どんな子になってほしい?」

と夫に聞いたら、

「優しさで世界を救うような子」

なんてふわっとしたことを言うので、

「いやいや意味わかんない、もっと具体的に言ってよ。職業とか年収とか！　優しさだけじゃ食っていけないでしょ！」

とすれ違って平行線なので、結局、自分みたいな子になってほしいのか、なってほしくないのか考えようと。お互いが受けた教育で、よかったこと悪かったことを出し合ってよいところを採用しようということになったんです。

まず夫は、

「家にお金があると思わせるのが子どもにとっていちばんよくない」

と言っていました。「お金があればなんとかなる」と思ってしまうのだとか。だからうちでは預金通帳も子どもに見せて、日々の生活で出ていく金額を実感させています。

子どもは日々進化しているので、もし違ったらすぐ方向転換できるように、育て方についての夫とのミーティングは週1回くらい定期的に行っていました。夫は、

「人に迷惑をかけない子になってほしい」

という考え。だけど私は、

「自分のやりたいことがあったら、人に少々迷惑をかけてもやり通せ」

という考え。意見がぶつかることもしょっちゅうありましたが、武士道の精神というか、

「ひきょうなことはしない。人のせいにしない」

そういう子どもに育てようということは一致しました。

谷底でシマウマと遊んでる

高嶋家では代々、とにかく子どもには苦労させないとダメと言われてきました。長男は小学5年生くらいから留学をしたい気持ちを持ったようなので、これは試練を与えるよい機会、と中学からアメリカ留学に送り出すことにしました。ライオンが谷底に子をつき落とすかのように、自分で苦労してみなさいって。次男にそんな話をしたら、

「あいつだったら、谷底に落とされてもシマウマと遊んでるよ」

なんてうまいこと言ってました。さすが次男は観点が鋭くて、長男はほんとにそんな感じで危機感が薄いというかマイペースなんです。

家では子どもたちにもお金の話をするので、長男が留学する時も、

「パパのお金で行く」

「その貯蓄は、大学を卒業するまでの分しかない」

ということをはっきり伝えて、

「もし落第したらあとは奨学金でも取って自分で返済するしかないんだよ」

と言いきかせました。長男とそんなシビアな話をしている最中に、隣の部屋にいた次男が、

「ちょっとおどかしすぎなんじゃないの」

って心配そうにのぞきに来ました。長男にはそこまで響いていないんですが、次男のほうが敏感に感じとってしまうんです。

さみしかったのは50分

　でも長男もさすがに、初めてひとりで海外で暮らすとなると不安もあったはずです。いざ留学となって、学校のあるアメリカまで家族で見送りに行って現地で別れる時にはもう目がうつろでした。

　長男は反抗期に入っていてその頃は会話も少なかったのですが、学校の寮に長男を預けた後、夫と次男とニューヨークにいたらＬＩＮＥがきました。

「ママ、もう1回来るでしょ？」

「いやいや、もう明日の飛行機で日本に帰るよ」

「え、なんで？　もう1回来てよ」

「なんで行かなきゃいけないの」

「いや、なんとなく。もう1回くらい来たら？」

なんてやり取りをしていましたが、これは心細いんだろうな、仕方ないなあ、と結局、飛行機を変更してもう一度会いに行きました。

長男も英検準2級は合格していたのですが、生活上のコミュニケーション英会話は全く別です。日本人が一人もいない学校だから、周りのみんなも長男が何をわからないかがわからない。扱いに困ってしまったみたいですね。

とりあえず私が「時間割はこれ」「シャワーはここ」だとか一通り説明だけはして、後はもう自分自身で何とかするしかないので、「じゃあね」って帰ってきました。

「子どもを留学させるのはさみしくないですか」と聞かれることがありますが、私がさみしく感じたのは、一瞬。50分間くらい。

そりゃあ、もちろん子どもはかわいいし一緒にいたい気持ちもあるけれど、そんな私の感情よりもあの子の成長とか将来のほうが心配。手放したくないという親の一時的な思いで、過保護にしたり可能性を狭めたりして、その子の人生を棒に振らせたくないんです。

ただかわいがったって、いいことは一つもないと思うし、ろくでもない子になるだけ。「留学したのに、こいつ英語ができない」って言われるのもつらいでしょうし、甘やかすとあとで子ども自身が苦労することになるから。一生、親が面倒をみられるならまだしも、そうじゃないから、自分の力で生きていける子になってほしいんです。

母から毎日届いた手紙

私が留学していた頃は、国際電話をかけるのもオペレーターを通す時代だったので、そこからして英語が話せなくちゃならないんです。この私が心細くて、

「外国人しかいない」

って泣きながら母に電話したくらい。

当時はメールも携帯ももちろんなかったから、母なりに心配してくれていたのでしょ

う。毎日毎日手紙を送ってくれました。家族がどうしたとか、おもしろいことを書いて私を笑わせて元気づけようとしてくれたのです。

今なんてもう、アマゾンの奥地に行ったたって電波が届いていそうです。LINEやFaceTimeとか、海外にいてもいくらでも日本にいる人と顔を見て繋がれますが、それに頼ってばかりじゃ留学の意味もないですから、学校で必要なければ子どものスマホも取り上げてくれていいと思っています。

長男からも寮に入ってしばらくは「次はいつ来るの?」なんてLINEがしょっちゅう来ていたけれど、今じゃ「どうしてるの?」って送っても、全く返事なし。1週間くらい経ってからようやくひと言「普通」と返ってくるだけ。

学校から「成績が悪い」みたいな連絡が来たので、長男に「ちょっと、あんたいい加減にしないと学費を払わないよ」と送ったら、少し反応があって「ちゃんとやる」みたいなひとことだけ。さらに「わかってんの?」って送ると「わかた」って書いてある。ちっちゃい「っ」がない。おまえはほんとうに日本人か!って突っ込みたくなりましたよ。

どんなふうに過ごしているか全然わからないから、「写真を撮って送れ」と言うと、友達の鼻とか耳とか、どアップで撮った画像を送ってくるんです。ふざけたところは相変わらずですね。

スイカの残高18円

長男には、

「一度留学したら大学を卒業するまで帰ってくるな」

と言ってあったのですが、新型コロナウイルスの影響で、アメリカに渡ってから1年もしないうちに日本に戻ってくることになりました。

帰国直後は、何かを食べたら、

「おいしかった、ありがとう」

とお礼を言うし食べたお皿は流しに運ぶし、すごくできた子になっていて、

「留学させた甲斐があった！」

と喜んでいたのに、もったのは2か月。

元の反抗期に戻ったどころか、クズみたいな態度です。次男は、

「感じ悪っ！　俺が反抗期になったら教えてね」

なんて言ってますが、それができないから反抗期なんだよ。

長男が、

「電車代が必要だからスイカにチャージして」

って言うので、７０００円入れてあげたんですよ。しばらくたって確認したら残高18円。よくこれだけギリギリまで使えるな、と思いますよね。

「どこ行ったの？」

って追及したら、

「いろいろあるのよ」

って流されました。電車代に使っただけじゃなくて何か買ったりしたんでしょ。

こういう子はめっちゃ苦労して世間を知ったほうがいいのですが、長男は何か「いい星の下」に生まれたのか、ここぞという時に手をさしのべてくれる人が現れるんです。「一生こういうのが続くと思うなよ」って長男にはさんざん説教してますけど、伝わっているのか……。

そういえば長男を出産する前、占星術の鏡リュウジさんとお話しする機会があって、「いつ産むのがいちばんいいですか？」ってたずねたんです。そうしたら、私自身がものすごく恵まれた星の下に生まれているそうで、

「いつ産んでも大丈夫です」

って太鼓判を押されました。

そんなことを長男が知ったら、またいい気になって勉強も努力もしなくなりそうだから教えてないけど。いざとなったら鏡リュウジさんに責任とってもらいますから。

女の子とエロの話

子どもたちには、「気をつけたほうがいい女の子」のことは全部教えています。テレビを見ている時に、画面に出ている女の子を指して、

「この子、絶対自分のことをかわいいと思ってるよね?」

とか話をします。

「わかるわかる」

「そういう女だけは絶対に連れてくるな」

「こいつはどう?」

「ああ、これはダメ。ほんと最悪」

とか教え込んでいます。そうしたら次男は「天海祐希がいい」って言い出したので、年上のしっかり女子が好きなのかもしれません。

長男は友達の影響でＮｅｔｆｌｉｘのアニメを見始めて、マンガもよく読んでいます。私が突然部屋に入ると、熱心にスマホ画面を見ていたりするので、すかさず、

「お、ようやくエロビデオを観るようになったな」

なんて声をかけています。

「ママ、なんでそういうこと言うの？」

とムキになっているので、

「そういう時期でしょ」

と返しているんです。

「見てねえよ」

なんて反論してきますが、男の子だから興味を持つのは当然だし、そんな時期が絶対に来るから「見ちゃいけないもの」とすり込まれるよりも、「見てるってママもわかってるのかな」くらいにしておけばいいかなと思っています。これはあくまでも私の考えですけど。

2度目の別れはあっさり

長男が一時帰国してからまたアメリカの学校へ戻ることになり、成田空港まで夫が見送りに行くことになりました。

私はその日は仕事があったので、家を出る時に「行ってらっしゃい」と長男に声をかけました。だけど長男があまりに無愛想だったので、

「言っとくけど、もしかしたらママは明日死んじゃうかもしれないんだよ」

っておどしたんです。そうしたら隣の部屋から次男がすっ飛んできて、

「なんで死ぬんだよ！」

って叫んだので、

「いやいや何でおまえが出てくる!?」

って笑ってしまいました。

「おまえかわいいな」

って思わず次男に言ったら、それを聞いていた長男は、

「うええ～、まじキモい」

なんて憎まれ口をたたいていました。

またしばらく会えなくなるのに、もう長男はさみしいとかしんみりした感じではなかったですね。

2人のシッターさん

息子たちが、「将来ビルを建てたら一緒に住もう」と計画しているほど慕っているシッターさんについてお話ししましょう。

うちは家事や子どもの世話を、2人のシッターさんに交替でお手伝いしてもらってきました。長男も次男も2人が大好きで、よく「老後は任せてね」と、言っています。2

人ともベテランなので「もう老後なんだけどね、完全に」なんて突っ込んで笑っていましたけど。

それぞれタイプが違って、1人のシッターさんは、息子が「牛乳！」って失礼な態度で言ったら、

「自分で取って来なさい！　私はあんたたちの親に雇われて来てるんだよ。あんたに雇われてるんじゃないよ！」

と、べらんめえ調で返すような江戸っ子気質。

「その通り！　よく言った！」

と拍手したくなります。

70代になってもすごくチャレンジングで、最近は子どもたちと一緒に英語の勉強を始めました。次男が、

「ばぁば、英語できるね、意外と」

と言うと、

「当たり前だよ！　常識だよ！」

と笑わせてくれます。


もう1人のシッターさんも70代。子どもたちが赤ちゃんの時から全国のコンサートに一緒に行ってくれました。娘さんお2人にお孫さんもいて、家族ぐるみでのおつき合いをしています。

そのシッターさんとはこんなこともありました。ある日、帰宅するなりシッターさんが、

「明日からしばらく来られません」

と言うんです。

「えっ？　そんな急に言われても」

と抗議しましたが、理由も言わずに帰ってしまったのです。すごく困り、「ひどいよ」と、シッターさんの娘さんに「何かあったんですか？」って電話しました。すると、

「母からは『言うな』と言われているのですが、実は今日、父が亡くなって……」

こっちは「ええ〜!?」ですよ。ご主人の亡くなられた時間を聞いたら、子どもたちを遊びに連れていってくれていた時だったので、子どもたちに、

「あんたたち、3時くらいって何してた?」

と聞くと、

「ガチャガチャの前でふたりでけんかしてた」

さらに、

「その時シッターさん、どうしてた?」

と聞くと、

「何か電話かかってきてたよ」

と言うのです。

「急用なので、帰らせてください」と連絡くれてもよかったのに、責任感から約束の時間まで子どもたちを見てくれていたのです。

子どものしつけについてもシッターさんがしっかりと教えてくれました。長男がまだ赤ちゃんだった頃、私がお菓子を袋からそのまま食べていると、

「子どもが見ていますから」

って、受け皿をパっと出してくれました。

「まだ赤ちゃんには見えてないでしょう」

と思ってしまいましたが、シッターさんは、

「じゃあ、いつから見えると思います？　それは誰にもわからないから」

と言うのです。それ以来、私も気をつけるようになったし、子どもたちも、誰かが見ていなくてもマナーはキチっと守れる子に育ちました。

炎上に子どもたちからのフォロー

シッターさんについての報道で私のＳＮＳが炎上してしまった時、彼女は、

「私は人に恥じることは一つもしていないです。ほんとうのことを話してくれって言うなら、いくらでも話します」

と言ってくれました。ただ、私に迷惑をかけたことだけが申し訳ない、

「だから、もうこの家には来ません」

と涙ながらに言われたのです。

「え、ちょっと待って」

とこれには私のほうが困ってしまいました。

大人の話に参加したがる口のうまい次男が、

「これで、もううちに来ないなんて言ったら、そのほうが迷惑なんだよ」

とすかさずナイスフォローしてくれたので、シッターさんには今も変わらずお世話になっています。

長男は留学後、よほどの用事がない限りLINEもして来なかったのに、YouTubeを見て私やシッターさんが叩かれているのを知り、ショックを受けたみたいです。め

ずらしく連絡をしてきました。

でもストレートに「大丈夫？」とは恥ずかしくて聞けないんですね。「カジキ釣れなかったんだね」と別の動画のことをあえて話題にしたので、長男なりに心配してくれているんだなと思いました。

「見た？」って聞いてみたら、ひと言「ひどいね」って。やり取りはそれくらいだったのですが、その後も「大丈夫？」とシッターさんのことを気にかけていました。

辛口の母が絶賛

私の母は自分の孫なのに長男と次男の面倒を10分間もみていられなかったから、

「ほんとうにあの2人のシッターさんはすごい」

「他人の子をあれだけかわいがるなんて私には無理」

といつも言っていました。母なんて、うちの子に絵本を読んであげていても、

「何なのよ、この子は。聞いてない！」

とか文句を言ってやめてしまうんです。子どもなので、最初はそこまで集中できないんですけどね。

「娘が仕事を続けられるのは2人のシッターさんのおかげ」

とすごく感謝していました。

ほんとうにそう思います。私も自分で子どもの世話をしたいけれど、仕事もあるしヴァイオリンの練習もしなくちゃいけない。コンサートにも子どもたちを連れて行きたい。そういうわがままを叶えられたのはシッターさんのおかげだと心から感謝しています。2人のシッターさんがいなかったら、今の私の活動はできていないでしょう。

うちの家族にとっては「シッター様」というくらい大切な存在なんです。

第６章

現在の実家

～高齢の父とダウン症の姉が２人暮らし～

刑務所に入りたい

２０１４年の年末あたりから、母がずっと変な咳をしていたのです。心配になって「病院に行こう」と勧めましたが、以前からあまり病院に行きたがらない母は、その時もピアノの発表会やマージャンなどスケジュールが詰まっていて忙しい、となかなか行きません。

ようやく検査したのが2月。そこで間質性肺炎と診断されました。肺が硬くなって呼吸しづらくなる病気です。病院の先生からは、

「急激に悪化することもあります。２か月持たないかもしれません」

と余命宣告されました。それを聞いた私はショックで、

「お母さんがいなかったら私は生きられない。一緒に死にたい」

と思ったほどでした。母自身もその宣告を聞いていたのですが、冷静に受け止めてい

ました。

それから母は自宅で療養生活になりました。家事など全くしたことがなかった父が会社から早く戻るようになり、栄養バランスに気を遣った食事を作ったりして、かいがいしく看病をするようになりました。

介護されるようになってから母は、

「お父さんは優しい人」

と言って毎日父の帰りを待ちわびていたので、不思議だなあと思いました。それまでは父に対して母はとても辛辣で、父がたまに仕事から早く帰ってくると、

「帰ってこなくていいのに」

なんて舌打ちしていたのに。それが今ではこんなに頼りにしているんだ、とちょっと驚きました。

母はウイルス感染してはいけないので外出はできません。少し動いただけでも息切れしてしまうようになり、寝たきりになった時でも頭はものすごくしっかりしていたので

「動けないのがつらい」とこぼしていました。

「こんなところで寝ているんだったら、刑務所にでも入れてほしいわ。そうしたら他に収監されてる人に『あなた、どんな罪を犯したの?』なんて火曜サスペンス劇場ばりの話を毎日聞いて時間をつぶせるのに。今じゃ、ヘルパーさんやケアマネさんの話しか聞けなくてつまらない」

と母はぼやいていました。

私は母の好きな煮物とか手作りの料理を届けたり、できるだけ話し相手になっていましたが、母親って結局、息子には甘いんですよね。兄はたまに実家にお見舞いに来ると、猫なで声を出して母にすり寄っていくんです。すると母も「太郎はいい子だ」なんてすごく喜んでいました。けど30分後にはケンカしてたり。結局そういう強烈なのは、寝たきりになっても直らない。

予想以上だった

最後に母に会った日は、フルーツポンチをおいしそうに食べてくれました。酸素マスクをつけていましたが、気丈なのは変わらずで、私がその時、持っていた新しいバッグをめざとく見つけて、

「あなた、またかばん買ったでしょ」

なんて言ってました。最後まで、買い物好きな母らしかったです。

母が亡くなったのは余命宣告から2年半後、2017年の8月でした。「早期発見、早期ご他界」「ピンピンコロリ」が口癖だった母ですが、「死ぬ死ぬ詐欺」じゃないかというくらい頑張ってくれました。

私は昔から、

「急に死んじゃうのだけはやめてね」

と母に言っていたので、その約束は守ってもらえたのかなと思います。お別れまでに時間があったので、心の準備をすることができました。

私は幼い頃から、母が敷いたレールに乗って母の期待に応えるように生きてきました。褒められた記憶も全くないのですが、最期に母は、

「あなたは予想以上だった」

と言ってくれました。

私は勉強はできないし気性が激しいから結婚もできないいんじゃないか、と母はいろいろ心配していたけれど、無事結婚して孫の成長も見せられて、コンサートでは多くの方が演奏を聴いてくださるようになった。みっちゃんのことも私がいればもう心配ない、と思ってくれたのではないでしょうか。

母にはめちゃくちゃきついことを言われたし厳しかったけれど、愛があることはよくわかっていました。そんな母にようやく認めてもらえたのかなって気がします。

コントみたいなお葬式

家族みんなが「できることはやった」という気持ちもあったので、母のお葬式は暗い雰囲気ではありませんでした。父は、

「孫たちがうるさくてしんみりできなかった」

なんて言っていますが、いやいや、うるさかったのは大人たちのほうですよ。

母は、

「自分が亡くなったら、お葬式にはお父さんや知佐子の仕事関係の方々も駆けつけてくださることになるだろうからそれは申し訳ない。だから家族葬にしてほしい」

と望んでいました。近所で行われたお葬式がこぢんまりとよい雰囲気だったので、その葬儀社に事前に相談していたようです。

それなのに、父は大きな声で、

「お葬式を予約しておいたから早割がきいたんです」

なんて言いふらしているので、「それやめて」と思ってしまいました。いつも父の「ここだけの話」は声が大きすぎて、みんなに筒抜けなんです。

納棺の時、葬儀場の方に、

「お母さまが大事にされていたものをお棺に入れてあげてください」

と言われました。そうしたらうちの兄が、

「大事にしていたものって言えば、やっぱ、みっちゃんじゃない？」

なんて言い出して。みっちゃんは、

「私はイヤだー！」

って叫び出すし……。

結局、母が好きだったナンプレの本を父が入れたんです。そこで終わればいいのですが、また兄が、

「それだけ入れたってしょうがないだろう、筆記用具がなくちゃ！」

とか騒ぎ出して、「筆記用具はどこだ？」とかたいへんでした。

お葬式が始まってからも、父は住職さんがお経を読んでいる隣で、「長男はね、今シンガポールに住んでるんですよ。今日はこれに合わせて帰ってきたんです」

なんて自慢げに話しているんです。

私は私で、ルブタンの黒い靴が持っている中でいちばんきちんとしているから、それを履いていたんですよ。でも靴のソールが赤かった……。それを兄から「不謹慎だ」って怒られるし。兄に言われるとなんか頭にくるんですよね。

「いいんだよ、家族葬だから。ママもルブタン好きだったし！」

とか言い返して、また言い争い。次から次へとコントみたいでした。

みっちゃんが〝母の死〟をどう捉えていたのかは完全にはわかりません。取り乱して泣くようなことはありませんでしたが、火葬場でお骨上げをする時には、「それだけは

見たくない」と言っていました。感情の表現の仕方が少し私たちと違うのかもしれません。後で、

「今年は渡瀬恒彦さんが死んだのがいちばん悲しい。その次にお母さんが死んだのが悲しい」

とも言っていました。確かに、みっちゃんは渡瀬さんが好きでしたけど……。


母の一周忌を迎えた日、今さらながら、もっと優しくしてあげればよかったとか、もっと時間作って会いに行けばよかったとか、後悔は限りないです。

と思いつつ、家の片付けをしていたら、母から私に宛てた、嫌味タラタラの手紙が出てきて、思わず笑ってしまいました。

ほんとうに親友のような母娘でした。性格の悪さは母譲り。口の悪さも母譲り。気の強さも母譲り。けど、子育てに関しては母の足元にも及ばない私です。まだまだ助けてほしいことたくさんあったんだけどね。

「もう勘弁してよ」と言う声が聞こえてきそうです。

先日は、みっちゃんと母の友人たちとランチ。母が生きてた頃はしょっちゅうお会いしていた方々。売れない時代を経て、今もずっと私のコンサートにきてくださってるので、感謝の会にしようと思ったら、ご馳走になってしまった。

ぜひ長生きしていただきたい。

「ちいちゃん、長生きの秘訣は、人の悪口と嘘をつくことだよ」

ってお茶目な高齢者。

さすが母の友人だ。

スーパーライトダウン

母が亡くなった後、実家では86才の父とみっちゃんが2人暮らしをしています。

生まれた時にはお医者さんから「20才まで生きられない」と言われたみっちゃんは今や58才。ダウン症にもいろいろなタイプがあって、みっちゃんは「スーパーライトダウン」で超軽いんです。

掃除洗濯、食事を作ってキッチンの片づけまで家事をしてくれるので、父はみっちゃんがいてくれるおかげで生活ができていると言っています。みっちゃんはご近所にお友達もいて人脈が広いので、父も助けられているようです。

みっちゃんは、NPO法人運営の障がい者施設に通って、ぬいぐるみを作っています。器用でセンスもあるのですが、命令されるのが嫌いで、「××しなさい」と言われると、カチンときてしまうようです。

新型コロナウイルスの感染拡大を受けて、父が「作業所に行くのはやめなさい」と言った時も怒ってしまい、「ぜったい行く！」と意地になっていました。父が「もうどうにもならない」と電話で泣きついてきたので、そんな時は私が間に入り、「お父さんは、みっちゃんがケガや病気をしたら心配だから『行かないで』って言ってるんじゃないかな」

とていねいに説明するんです。すると、

「ああ、そういうことなのね」

と納得してくれます。私もしょっちゅうみっちゃんに「××しちゃダメ」と言って怒らせてしまいます。そんな時は父や夫が間に入って、みっちゃんに話をしてもらうと、

「なあんだ、それなら最初から言ってよ」

となるのです。どうやら自分が否定されているのではなくて頼りにされている、大事に思われているとわかると、怒りを収めてくれるようです。

兄もシンガポールから戻ってきて、みっちゃんと土日はよく一緒にいるみたいで安心です。兄の新しい家にはみっちゃんの部屋もあるようで、母もきっと喜んでると思います。

先日、父とみっちゃんと沖縄旅行をしたのですが、何が気に入らないんだか、始終不機嫌なみっちゃんでした。

毎日一緒に暮らしてればわかることも、たまにしか会わないと理解に苦しむこともある。かといって私にも家族はあるから一緒には暮らせない。だからって高齢の父に任せっぱなしもよくない。

たまの旅行なのに、なんで喜ばないんだ！という押し付けがましい私の考えが、姉を不愉快にさせてたということが、旅が終わって1週間経ってやっとわかった。

ほんとうに頭が痛い問題です。

今度会ったら絶対に怒らない。

とここに誓う。

と書いてる矢先に、

「ちいちゃん。クリスマスはディズニーランドに泊まりたいです」

とみっちゃんからＬＩＮＥが。

了解です。ちいちゃんは頑張るよ。働くしかない。

話すのが元気の源

父は父でまた我が道を行ってます。

この前も、父の同級生で家族ぐるみで仲がよかった方の息子さんから電話がかかってきたので、

「おお、タケシくん元気か？　俺はもう80才過ぎてもこんなに元気で健康なんだよ」

とか、自分の健康自慢をよどみなく10分くらいずっとしゃべりつづけていました。ようやくひと息ついたところで相手から、

「実は父が亡くなったんです……」

と切り出されたそうです。

「おまえ早く言えよ！」

って怒ったらしいけど、そもそも言う間を与えなかったのは父のほうですよ。いっつ

もそう。

別の同級生が病気になってお見舞いに行った時も、「自分がいかに元気か」の自慢話をさんざんして、「病院でいちばん会いたくない奴だ」って言われたそうです。当然ですよね。

母が亡くなってしばらくは、誰かから電話がかかるたびに、

「実は妻を亡くしまして……」

とさみしそうな声を出したり、「落ち込んだ」なんて言っていたけれど、「それはそれは……」って同情してくれる相手の反応をみたりかまってほしかったのかなって気がします。

そのしばらく後に『しゃべくり007』の番組に私と登場させてもらって出演者の方がいじってくださったら、めっちゃ元気になっていましたから。父は、

「話すのが元気の源」

と言っているので、ほんとその通り。〝究極のかまってちゃん〟なんです。

目下の目標は、みっちゃんを太郎家にあずけ、日本の名所めぐりをすることだそうです。最近はスマホとにらめっこで行く場所をググってます。

母の命日8月29日（焼肉の日）は、私の誕生日が近いおかげで、たくさんのお花が家にあり、2020年の命日もお墓参りに持参しました。

「お母さん亡くなって何年経ったかね？」

と父が言った時、

「4周年ですかね」

と夫。

〝周年〟じゃないだろ。だいぶ間違ってるよあんた……。

いつ何時でも笑いが絶えない高嶋家です。

母の苦笑いが見える。

嘘つきみっちゃん

私たちが子どもの時代は、障がいのある子を家から出さずに隠す家もあったと思います。でもうちは両親が周囲に隠すことなく、

「ダウン症も、世の中には背の高い人、低い人、いろんな人がいる中の1人」

「真剣に子どものことを考えるなら、親のおかしな見栄は捨てるべき」

という考え方でした。一緒に旅行に連れていったり、兄や私のデートに同行することもあったりして、みっちゃんはいろんな経験をしてきました。

だから、みっちゃんは経験値が高くてプライドも高いから、手の込んだつくり話をするのです。一緒にいたらボケていられません。

最近のみっちゃんは特にひどいですよ。話を聞いてくれる人がいると、つくり話がどんどんエスカレートするんです。〝みっちゃん語録集〟ができるくらい。

これでも私だって、時には本心をオブラートに包んだり口に出さなかったりしていま
す。でもみっちゃんは、思ったことをそのままぜーんぶ口にしちゃったり、頭の中でつ
くった話がほんとみたいになってしまったりするから困るんです。
先日もこんなことがありました。みっちゃんからＬＩＮＥがきて、

〈スーパーに行ったら
『自転車をここに止めちゃいけない』
って言われて傷ついた
世の中、やさしい人少ない
さみしい気持ち
パパが買ってくれたのに　ミチコ〉

って書いてある。ここだけ読むとウルっときますよね。きた人は注意。

父が買ってあげたみっちゃんの自転車って、前が二輪の珍しい形をしているんです。

安定して倒れないけど、若干幅があるんです。その後みっちゃんから電話がかかってきて、

「世の中、本当に親切じゃない人が多いのよ、ちいちゃん」

「自転車で行ったら『ここに止めちゃいけない』『帰れ』って言われたの」

って。でもそのあたりからもう、つくり話ってわかるんです。

「『帰れ』って言われたの?」

「そうなのよ。それで、自転車を無理やり動かされたから壊れちゃって、○○サイクルへ行った」

随所随所は合ってるんです。○○サイクルって自転車屋さんは近所にあるので。

「みっちゃん、○○サイクルいつ行ったの?」

「先週なのよ」

「だってさ、今日壊れたんだよね。なんで先週行ったの?」

「え、壊れちゃたから」

その辺からみっちゃんは自分でもなんかおかしいなあ?みたいな空気になってくるんです。

「なんで壊れたの？」

「自分で壊しちゃったのよ」

「で、さっきスーパーで壊したんだっていうのはどういうことなの？　壊したのはみっちゃんなの？」

「そうなの。自分で壊しちゃったのよ」

「じゃスーパーの人が壊したわけじゃないじゃない」

って詰め寄ると、シーンとしてしまうわけです。

「どうしてそういう嘘を言うの？　嘘つく人とは話できない」

って言った時にはもうプツンと電話を切られていました。

えっ？　ちょっとひどいじゃない！とすぐにＬＩＮＥを送ったんです。

「みっちゃん、お母さんは嘘が嫌いだったから、お母さんが生きていたら悲しむし、みっちゃんが嘘つかないようになってもらわないと、私がお母さんにひっぱたかれちゃう」

って書いたんですよ。そうしたらその返信が、

「お母さんはもう死んでいるからひっぱたけません」

ここで私のほうが本格的にカッカしちゃって、

「もう二度とＬＩＮＥしないでください」

って書いたら、その返事が、

「したくなるよ」

……「したくなるよ」ってなかなか書けない。

結婚記念日のワナ

実際、みっちゃんのおかげで助けられている、と感じることがたくさんあります。

みっちゃんは私の家に遊びに来ると、散らかっている洗濯物をきれいにたたんでくれたりします。

また、みっちゃんは記憶力がとてもよくて、昔は大好きだったたのきんトリオ全員の生年月日と通った学校とご両親のお名前まで全部覚えていました。そんなみっちゃんに私が毎年お願いしていることがあるのです。

夫と結婚して20年以上がたち、いまや結婚記念日は私にとって「夫にワナを仕掛けられる日」になりました。

何年か前、学生時代の男友達と話をしていたら、

「結婚記念日を忘れて、奥さんから1週間口をきいてもらえなかったんだよ」

と言うので、

「そりゃあ、ひどいよ！」

なんて返していたんですよね。で、家に帰ってお風呂に入っていたら、夫が帰ってきて、

「ケーキ買ってきたよ」

と言うのです。でも、

「いっぱい食べてきたからいらない」

と答えて、

「○○くんは、結婚記念日を忘れて奥さんが1週間口をきいてくれなかったんだって」

なんて報告していました。翌朝も夫に、

「ケーキ食べる？」

と聞かれたので、

「朝からケーキなんて無理」

と断って、夜になってから「そういえばケーキがあったなあ」と食べていたら、夫がボソッと言うのです。

「昨日、結婚記念日だったんだよ」

ん、ん？？　ちょっと待って、それ昨日言ってよ！　友達の話をした時に、

「うちも今日だよ」

って言えばいいのに！

「なんで昨日言わなかったの？」

と聞いたら、

「いや、忘れちゃったのかなと思って……」

って〝かわいそうな人〟ぶるんです。もうこれはワナなんですよ。

で、1年経って私はまた忘れています。夫はケーキを買ってきます。結婚記念日が2月13日だから、次の日がバレンタインデーなんですよね。「それでケーキなのかな」ぐらいに思って食べています。すると翌日、

「昨日、結婚記念日だったね」

って。はい、またワナに引っかかりました。……

だから、

「ちいちゃんの結婚記念日は2月13日です。その日が近づいたら教えてね」

と記憶力のよいみっちゃんにお願いしたんです。それ以来、みっちゃんが覚えていてくれて、2月になるとすぐ、

「ちいちゃん、2月13日は結婚記念日です」

って連絡をくれるのです。でも2週間も先なのでちょっと早すぎて、また私が忘れてしまい気まずくなる……。毎年こんな繰り返しをしています。

老後の計画

長男は、

「パパはよくママと結婚したね」

と言います。

次男は、

「ママと結婚できるパパはすごい」

と言います。

おもしろいですよね。きょうだいでも見る角度、表現の仕方がまるで違うんです。

そんな子ども2人が巣立っていったら、いつか夫婦2人になる日が来るわけですが、その時どうすればいいんだろうって私はすごく気がかりなんです。

「子どもが出ていって、あなたと2人だけになったら私はどうやって生きていけばいいのよ」

って。失礼な言い方ですけどね、いつも心配しているんです。すると、

「それのどこが問題なのか僕にはわからない」

って夫は言うんですよ。だから、

「じゃあ私は半分はハワイに住むからね」

と言ったら、

「どうぞご自由に。僕は海とか自然好きじゃないから」

って。いったい何するつもりなんだろうって思うけど、夫はきっとリタイアしたその日にようやく、

「ああ、今日から僕は何しよう」

ってタイプ。「老後にやることを今からちゃんと考えておいてね」と言ってるんです

けど、私みたいに、ああやってこうやって……って頭の中でいろいろ計画するタイプとは全く違うんですよね。

夫は孤独が怖くないそうです。だから私がいなくてもひとりになってても生きていけるのでしょうが、私は孤独が嫌い。それを夫も知っていて、

「自分がいないと、ちいちゃんは生きていけない」

と思っています。そして私のダメな部分を見て、

「僕じゃないとフォローできないな」

とわかっています。その自信のみなぎり方が私としては腹立たしいところですが、ほんとうにその通りだから仕方ないところもあります。もちろん面と向かっては認めたくないのですが。

夫は私や高嶋家の家族と関わって「進化」を遂げました。でも、〝夫の進化〟によってほんとうに進化したのは〝私〟かもしれない。

あとがき

平和ボケしていた私にとって、コロナの衝撃は立ち直れないぐらいの事件でした。

コンサートができて当たり前、仕事があって当たり前。多すぎると「忙しい」と文句を言い、その上、一昨年ぐらいからは、全国どこに行っても満席になるようになり、調子に乗っていたのかもしれません。

コンサートが全くできなくなり、毎日不貞腐《ふてくさ》れて寝てるのは、家で私ひとりでした。

夫は会社勤めだし、私も蓄えはあったので、金銭的にはなんとかなりましたが、将来への不安を抱え、改めて今までどれだけ自分が恵まれていたかを思い知りました。

自粛期間中、ひまつぶしで流行に乗っかって、ＹｏｕＴｕｂｅで何曲か演奏動画をＵＰしたところ、思いがけない反応が多数あり、もしかしたら初めて音楽の力を知ったかもしれません。

「自粛とけたらコンサート行きます」

「感動しました」

「涙が止まらないです」

そんなメッセージを多数いただき、こちらの方が涙が止まりませんでした。

そして、ようやく50％の客席数で幕を開けたツアー初日は、感動でさすがの私も弾いていて胸が熱くなりました。

熊本公演では、マスクをつけて声も出さずに、全員がスタンディングで拍手してくださった情景を忘れることができません。

最近はチケットを買うのもネット決済だったりして、慣れない方にはほんとうに億劫だと思います。

その上当日ホールまで足を運んでくださる労力。

そしてコロナ対策をしながら、命がけに近いまでの覚悟で来てくださるお気持ち。

時間もお金も、命までもかけて来てくださるお客様だけは、ほんとうに裏切ることができないと思って、メンバー共々一音入魂で演奏させていただいています。

自分でも忘れてるぐらいいろんなことがあったなぁ、と読み返しています。

ただ、ほんとうにこれらのことは氷山の一角！

父で1冊

母で1冊
みっちゃんで5冊書けます。
+夫と子どもたち。

きっとどこの家でも、書き留めておいたら莫大な量になるぐらいのドラマは日々あるんでしょうね。
これからも日々の家族ドラマをメモって、第2巻書けるようにします。
まずタイトル考えなきゃですね。

高嶋ちさ子

『ダーリンの進化論 わが家の仁義ある戦い』

2021年1月12日 初版第1刷発行
2021年2月17日 第2刷発行

著者 高嶋ちさ子

発行人 鈴木崇司
発行所 株式会社 小学館
〒101-8001 東京都千代田区一ツ橋2-3-1
電話：編集 03-3230-5800 販売 03-5281-3555

印刷 凸版印刷株式会社
製本 株式会社 若林製本工場

装丁・デザイン 井関ななえ（Emenike）
構成 和久井香菜子、砂本紅年
撮影（帯写真） 加藤千絵（CAPS）

販売 中山智子
宣伝 井本一郎
制作 国分浩一
資材 斉藤陽子
編集 矢島礼子

ISBN-978-4-09-388806-6